西川美和
×
ムン・ソリ
*
寄藤文平
×
キム・
ジュンヒョク
*
光嶋裕介
×
アン・ギヒョン
*
朝井リョウ
×
チョン・セラン
*
岡田利規
×
キ・スルギ

訳
桑畑優香

今、何かを
表そうとしている
10人の日本と韓国
の若手対談

KOREA KF
FOUNDATION
한국국제교류재단

The Korea Foundation has provided financial assistance
for the undertaking of this publication project.

この本は、
国際交流基金ソウル日本文化センター、
韓国国際交流財団東京事務所、クオンの共催で
日韓国交正常化50周年にあたる
2015年から3年間にわたって行われたプロジェクト
「日韓若手文化人対話―ともに語り、考えを分かち合う。」
を記録したものです。日韓で活躍する
20代から40代前半までの文化人5組の対談が
日本と韓国をそれぞれ行き交いつつ行われました。
「今、何かを表そうとしている」人々が
向かい合って語り、手紙に載せて届けた思いを、
この本を手に取ってくださった皆さんと
分かち合うことができればと願っています。

第1章

映画監督
西川美和
×
ムン・ソリ
女優／映画監督

第１幕

1st TALK SHOW @ KOREA
2016年3月15日（火）
15:00 ～ 16:30
ザ・パレスホテル
ソウルにて

アジア映画界を代表するお２人は、
お互いの輝かしい活躍ぶりは当然知っていて、
気になる存在だったとか。ソウルで開催された
ムン・ソリさんの舞台を西川監督が観劇し、その翌日に
行われたこの対談は、女優と監督の垣根を越えて
大きな共感のうねりを見せるのでした。

司会　まずは、昨日ご覧になった演劇（＊1）の感想からお話するのはいかがでしょう。

西川美和（以下、西川）　原作をあらかじめ読んでから観せていただきました。

ムン・ソリ（以下、ムン）　そんなにまでしていただいて、とても光栄です。

西川　原作とはまったくテイストが違い、とてもアーティスティックなアプローチになっているなと思いました。原作を読ませてもらった時に、生活感や人と人のコミュニケーションが私たち日本人にとってもしっくり来る、すごく親近感の湧く内容だと思いました。そういう日常的なリアリティはあえて排除してシンプルな世界に作り上げられた演劇版での演出は、もしかしたら、日本人でも韓国人でもなくフランス人の演出だからなのかな、と感じました。

ムン　この作品は「韓仏国交正常化一三〇周年」を記念した文化交流という趣旨のもとで企画されたんです。演出家が原作を気に入ったことから生まれた演劇ではなく、「韓国側がこの作品を望むなら、

＊1　昨日ご覧になった演劇＝『光の帝国』
キム・ヨンハの同名小説を舞台化。平凡な夫（実は北朝鮮のスパイ）に届いた突然の帰還命令を巡る夫婦の一日を描く。写真提供／(財)国立劇団

やってみよう」というスタンスだったそうです。そのため、「演出家は、南北分断の現実について頭では理解できたとしても、実際に感じることができるのだろうか」と、私たちも最初はちょっと疑っていました。韓国人がどのように成長し、どんな教育を受け、今もどう影響を受けているのかということは、とても大きな問題。これを演出家が感じ取り、すべて受け入れられるのか、と。ところが演出家は、ある秘密と嘘が二人の人生をいかに壊していったのか、いかに痛みを与えたのか、それを伝えることに焦点を置いたんですね。現代社会を生きる人は、たとえスパイではなくてもそれぞれのアイデンティティーについて混乱を感じていますし、ほかの人に心を開かない状態にあります。その起点からのアプローチで、結果的に小説を読んで感じたよりもっと多くのことを感じることができました。「ああ、私も南北分断について知ってはいたけれど、実際は感じていなかった。受け止めようとはしていなかった」って。フランスから海を渡ってきた演出家に刺激を受けたのは、驚くべき経験でした。

司会　お二人は同い年だということはご存じでしたか？

ムン　はい。タイガー？（笑）

西川　そう、寅年ですね。インターネットでプロフィールを見て同い年だと知りました（笑）。七月二日ですか？

ムン　そうです。

西川　私は七月八日。かに座ですね。

ムン　かに座は、感情の起伏が激しいんです（笑）。

西川　二〇一三年の五月に韓国で開催されたソウル国際女性映画祭に招待されました。その際にムン・ソリさんから声をかけていただいて、とてもおいしいご飯をご馳走になりました。その節はごちそうさまでした。出演作を当然拝見していて、とてもファンだったので、ムン・ソリさんからお声をかけていただくなんてとても光栄で、私はうきうきしてうかがったんです。話をしてみたらやっぱり監督と俳優というよりも、同じ映画製作者という何か共通する言語であったり、ものの考え方であったりをとてもムン・ソリさんから感じたんです。今回、「話してみたい韓国の文化人はいますか」と聞かれて、私の方から名前をあげさせていただいたという経緯です。

ムン　映画『ゆれる』（＊2）をとても印象深く拝見しました。『ディア・ドクター』も既に韓国で公開され、映画祭で『夢売るふたり』が上映される時期でした。だから、一度お会いできたらい

＊2 映画『ゆれる』
吊り橋から落ちた女性の死は果たして事故なのか事件か。オダギリ・ジョーと香川照之扮する兄弟の裁判の過程でゆれる心の描写が秀逸。日本アカデミー賞など受賞多数。
（原案・脚本・監督／西川美和）
販売元／バンダイビジュアル　DVD発売中　©2006『ゆれる』製作委員会

いなと思ったんです。女優の香川京子さんに、私の映画『私たちの生涯最高の瞬間』を見て面白かったとおっしゃっていただいたり、国際的な映画祭などでも、女優の寺島しのぶさんをはじめ、多くの日本映画関係者に親しみを感じてもいました。だから、西川監督が韓国にいらっしゃると聞いた時、「一緒に食事ができたらいいな」と考えたんです。当時「これから本を書く」とおっしゃっていた記憶がありますが、新作がないので近況がすごく気になっていました。お会いできることになり、とてもうれしかったです。

西川 ありがとうございます。あれから一生懸命書きまして、今ようやく四年ぶりの作品ができたばかりです。

ムン 小説ですか?

西川 小説を先に書きまして、その後それをシナリオに落として。去年の三月末から撮影を始めて、十二月まで四季を追いながら撮って。つい今月の頭にフィルムダビングを終えて完成しました。

ムン 四季をすべて? 本当におつかれさまでした!(笑)

西川 冬のまだ寒い時期から撮り始めて。自分の作品で初めて子どもが出る映画なんですね。子どもが主役ではないんですが、主人公がひょんなことから赤の他人の子ども達と時間を過ごすようになるという内容でもあるので。五歳の女の子と六年生の少年の兄弟。その成長とか季節の移り変わりをきちんと収めようと思いました。日本の映画界でも製作予算の問題でそんな長い時間をかけて撮ることはなかなか許されないのですが、どうしても譲れないところだったので、今回は時間をかけて撮りました。

ムン 長い間おつかれさまでした。日本の映画も製作期間がすごく短いと聞いています。

西川 韓国映画に比べても短いのではないでしょうか。

ムン はい。もっと短いとうかがいました。

西川 徹夜も平気でさせられるんです。でも今回は出演者が子ども達なので集中力も空中分解しちゃうので。一日のうち限られた時間で、予算も潤沢ではなかったので。スタッフの数を縮小して、一六ミリのフィルムカメラを使って、その代わりたっぷり日数をかけて撮るという方法を取りました。

ムン 子どもとの撮影がどれほど大変なのか、私も知っています。子ども、ボール、動物。この三つがね、とても難しいんです。撮影しながら子どもを育てていたようなもの。六歳になりました（笑）。

西川 いや、私も撮影した子達を本当に育てたと思いますね（笑）。

ムン そうでしょうね（笑）。四季をすべて盛り込みながら、子ども達と撮影されたのなら。タイトルは？

西川　『永い言い訳』（＊3）です。

ムン　いい反響があることを願っています。子どもが登場するということでしたら、なんとなくそんなに暗い映画ではないような気がします（笑）。

西川　それが暗いんですよ（笑）。もちろん暗い要素もたくさんあるんですけれども、私が今まで作った映画と何が違うかと言うと、今まではわりと嘘が明るみにさらされて、その中に潜んでいた秘密がばれてしまったり、保たれていた平和が崩されたりする「崩壊の物語」を作ってきたと思うんです。今回新たに私が試みたことは、先に崩壊があって、その崩壊の後に何が続いていくか。壊れることは簡単だけれども、壊れた後に続いていく人生が実は長くて、平坦で退屈で本当に難しいというふうに。私も年齢を重ねるごとにそう感じるところが多いので。

「育む」というのが一つの映画のテーマでもありました。暗いモチーフも扱っていますが、子ども達は少しずつ成長もしてくれる。色んなきらめきみたいなものを子ども達がもたらしてくれて、鑑賞後の味わいは悪くない感じの映画になってるんじゃないかと思います。

＊3『永い言い訳』
直木賞候補になった西川監督の自作小説を本木雅弘主演で映画化。妻を亡くしても一滴の涙すら出ないねじれた自意識を持つ人気作家が出会う〝新しい家族〟との物語。（原作・脚本・監督／西川美和）
販売元／バンダイビジュアル　Blu-ray&DVD発売中　©2016『永い言い訳』製作委員会

ムン　『ディア・ドクター』（＊4）もそうでしたね。お年寄りが亡くなったり、医者自身が癌になったり偽物だったりしますが、村の人々のようすがとても生きているという感じがしました。そして、私の見た三作品の中で、私が感じた監督本来の雰囲気に一番近いというか似ているような気がしたんです。監督はずっと秘密が暴露する物語を描いてきましたが、実は私が昨日演じた演劇も秘密を明かす話です。

西川　そうでしたね。やっぱり自分自身が物語の主人公に投影されているのは多かれ少なかれあります。『ディア・ドクター』の時も同じ。「映画監督という大きな冠を負わされているけれど、黒澤監督だとか小津監督とは自分は違う。だけど世間からは期待されることもあり、自分は偽者なのに本物のふりをしなければいけない」という不安からきっかけが生まれたようなところもあります。それだけではないですが、色んな主人公に自分自身は投影されているかなと思います。

ムン　日本には女性監督はたくさんいますか？　私が知っているのは、河瀨直美監督、西川美和監督。浮かぶのはお二人だけですが。

西川　だいぶ増えたと思います。色々なメディアが増えて、学生の

＊4『ディア・ドクター』
突然村から失踪した医師が隠してきた嘘を軸に、へき地医療や高齢化の現実を浮き彫りにする。笑福亭鶴瓶の初主演映画。第83回キネマ旬報ベスト・テン日本映画部門一位。（原作・脚本・監督／西川美和）
販売元／バンダイビジュアル　DVD発売中　©2009『Dear Doctor』製作委員会

頃から小さなカメラで映画を撮って色んな作品を出すと言うチャンスが男女問わず増えていますから。これからまだ増えてくるのではないかと思います。ムン・ソリさんも短編映画を撮っていらっしゃると聞きました。どうして監督になり、作品を作るようになったのですか。

ムン　監督になろうとは思っていなかったんです。告白しますと、映画を学校で学んだことはありません。学生の頃の専攻は教育学で、先生になろうと思っていました。でも、演劇が好きで演劇をやったり映画のオーディションを受けたりして、教師にはならずに映画の道に進んだんです。だから、いつも「私は映画や演技についての教育を受けていない」というのが心の中にありました。教育を受けていないことがむしろ力になったとも思います。ところが、子どもを産んで作品のオファーが以前よりも減り、「勉強するなら今のうちだ」と思ったのですね。年を重ね、母親にもなり、女優としてのプライドが少し朽ちてきたのだと思います。プライドを取り戻す方法は色々ありますよね。美容整形で顔をきれいにしたり、ブランドのバッグを買ったりする人もいることでしょう（笑）。

でも私は勉強しようと、大学院に進学しました。演技を勉強したいというよりも〝映画〟を勉強したかった。周りの人たちからも「演出を専攻するのがいい」と勧められたんです。映画を勉強しようとしたわけで、監督になろうという目標があったわけではありません。ところが、卒業するためには短編映画を三つ作らなければならなかったんです。「じゃあ、やってみよう」

と（笑）。映画の勉強を始めたばかりの人が皆そうであるように、「自分の話から始めてみよう」と、女優の一日を描いた映画を製作しました。学位も取り、卒業しました。

西川　すごいですね。

ムン　これまでにも難しい役や製作環境に挑んではいました。『オアシス』のキャラクターは、エベレストの頂上に登るよりももっと大変だと思います。でも、映画を製作してみて悟ったのは、どんなにつらい役を演じても、監督にはかなわないということ。監督が世界で一番大変だということです（笑）。

西川　本当にそうでしたか。

ムン　本当です。

西川　やっぱり、かなり低予算で作られたんですか？

ムン　ええ、予算は少なかったです。それよりもつらかったのは、俳優は役に入り込んだり出たり、圧迫もあるけれど息もできる。でも監督は、頭にかぶったヘルメットの紐がどんどん首を絞めつけているような感じがするんですね。そのうち息をつけるだろうと思っていたら、映画の製作が終わっても、作品を公開するまでずっと責任に押しつぶされて息ができないんです。しかも世の中にこのような物語を生み出している正当性について、常に悩まなければなりません。これは本当に誰もが簡単にできる仕事ではないな、と。家に一緒に住んでいる監督に、とても丁寧に接するようになりました。夫が映画監督なんです（＊5）。映画を撮ってみたらもっと演技がしたくなり、私は生まれつきの俳優だな、と思いました。

西川　なるほど（笑）

ムン　メールアドレスをお教えいただければ、あとで動画のリンクを送ります。

西川　後でお教えしますので。ぜひ拝見したいです。

ムン　はい。気楽におやつと共に、笑いながら見られる映画です。

西川　旦那様はご覧になって何ておっしゃいましたか。

ムン　うーん（笑）。あまり良いことは言ってくれませんでした。普段はすべてにおいてとても優しく、言葉遣いも丁寧なんです。唯一映画や私の演技については、「夫婦なのにどうしてこんなに鋭くむき出しにして言うのかな」という人で、見せるのが怖かったんです。「おつかれさま。でも僕の目には色々短所が見えるよ」とたくさん指摘されました。

三つのうちの二番目の作品には私の家族の話が登場するのですが、夫役のキャスティングがとても難しかったんです。しっくりくる人がいなかった。どうしたらいいのか、本当に悩みました。私とちょっと会話を交わす、短いシーンです。どうにもキャスティングできないので、

＊5　夫が映画監督なんです＝【チャン・ジュナン監督】
一九七〇年生まれ。チョン・ジェイルのミュージックビデオ『涙の花』（二〇〇三年）の監督を機に、出演したムン・ソリと結婚する。代表作に『ファイ　悪魔に育てられた少年』（二〇一三年）、『1987』（二〇一七年）などがある。

夫に「出演してほしい」と頼みました。最初は「絶対だめだ。演技には自信がない」と断られましたが、「じゃあ、顔は出さないように、体と耳を横から取った姿を映すようにするから。セリフだけ言ってくれればいい」と約束して、出演してもらうことになりました。顔が出なくても、そのほうがずっと感じが出るんです。そして、夫にスタジオに来てもらいました。ところが私がカメラをセッティングしている間にふと見ると、夫が横の部屋でメイクをして髪を整えていたんです（笑）。「顔は出ないのに、なぜメイクを？」と聞いたら、「僕も監督だから、監督の言葉は信じない。どう撮るか現場で変わるから」と、ワンカットのためにメイクをしていたんです（笑）。その話を聞いて、どんどんカメラを回すことにし、横顔まで出てもらいました。

西川　私も言ったこと、約束はじわじわ破っていきます（笑）。あの、ご主人は監督として、俳優さんに自分が演技をやって見せたりするタイプの演出はあまりなさらない方なのかなと思っていたんですけど、いかがですか。

ムン　そうですね。韓国の監督の中では、イム・サンス監督が自分で演じて見せるタイプです。「こうするんだ」と、動きながらセリフを言って見せるんです。で、私たちが監督のやった通りに演じると、「そうじゃない！」って（笑）。私の夫の場合は、長い時間をかけて、ゆっくり言葉で説明するタイプです。監督にもいろんなタイプがいますね。西川監督は、現場ではいかがですか?

西川　私も絶対にやって見せません。もちろんできないんだけれど。ただ俳優も色んなタイプがいて、やって見せられた方が良いと思う人がもしかしたら、いるかもしれない。私はまったく演技の経験もないし、どういうふうに演じれば問題をクリアできるのか、私の中では方法論としてわからないのです。だから色んな例えや言葉で説明して、どんな人物で、どんなふうに生きてきてという履歴書も用意するし。でも自分の体を通してパフォーマンスで説明するのはできないですね。それに対して俳優がどう思っているのかな、というのは日ごろから気になるんですけど。ムン・ソリさんは演出される側としていかがですか。

ムン　私は、基本的に俳優はそういうことを言う資格はないと思っています。俳優はいかなる監督とでも、疎通をしなければならない、と。「監督がこうだったらいいのにとか、ああだったらいいのに」と考えたらダメ。一緒に仕事をすると決めたなら、監督がどのように話す人なのか、どのような考えを持った人なのかを把握するために、最善の努力を尽くさなければいけません。俳優が唯一望んでいるのは、監督と意思疎通したいということです。「あなたとはコミュニケーションを取りたくない。私の考えを俳優は知らなくていい」そんな態度を取られると、深い絶望を感じます。綱にしがみついて上に登っていきたいのに綱が切られてしまう。そんな気持ちになるんです。俳優は第六感がとても発達していますよね。だから監督が自分に集中してくれているのか、自分を愛してくれているのか、本当に幼い子どものように本能的に感じるんです。監督が自分の意思疎通を望んでいると確信すれば、自分の知識が不足しているのなら勉強してでも、あらゆる手段を動員して監督と理解し合おうと考えます。この疎通が演劇や映画を作る際の原点であり、核心だと思います。

昔、ある子役と一緒に仕事をしたことがあります。私の子どもを演じたその子は、演技が上手でした。ある日、監督がその子に「もう一度やってみよう」と、子どもにとっては理解が難しい単語を使って演技の説明を始めたんです。「君には、こんなトラウマがあって……」と言われても、その子はまだトラウマとは何かを理解できる年齢ではありません。「トラウマがあるかも知れないけれど、それを映画の中でフラッシュバックでは見せない」と説明されても、フラッシュバックの意味がわかるはずもありません。「だからね、このアングルのミザンセーヌから……」と聞かされ、ミザンセーヌが何かを知るわけもありません。子役はじっと聞いていました。そして、「じゃあ、撮り直そう」と言うと、「はい」と。すると、驚いたことに、本当にすべて完璧に演技が変わったんですね。あまりにも不思議だったので、その子をこっそり呼んで「さっき監督が話した内容、理解できたの?」と聞いたところ、「ううん。言葉が難しくてわからなかったんです」と。「じゃあ、なぜこんなに上手に演じられるの?」と尋ねると、「監督が言っていることがさっぱりわからなかったので、考えてみました。監督が何を望んでいるのか、僕がどうすることを願っているのか。考えて、こうしたらいいのかな、とやってみました」と答えたんです。私はその子の話を聞いて、これを見習うべきだと思いました。

西川　いやあ、身につまされる話ですね。本当に。自分が俳優に「そうじゃないんだ。この人はこうで、ああいうことがあって……」と言ったら、俳優は「はい、はい、なるほど、わかりました、やってみます」って言ってくれているんだけど、ほとんどわかってないなと思います。私も出たとこ勝負で言ってるところがあるし、言ってることも支離滅裂だし。それを、演技を改善するために色んな言葉を試行錯誤しながら何とか探り出して自分にぶつけてくれているんだ、ということまで俳優は汲み取って。まあ、とどのつまりは良くわからないけれど、もう一度監督のためにやってみますという態度で、飲み込んでくれているなという、俳優たちのその表情は最近察することができるようになりました。

ムン　気持ちを汲み取るために努力し、エネルギーを分かち合う。これが一番の核心ではないかと思います。きのうの舞台のフランス人演出家は英語やフランス語で演出をし、現場では韓国語も含め色々な言葉が飛び交っていました。稽古の期間も短かった。

でも演出家が私達の心の中を覗こうと努力していると感じた瞬間、こちらも全力を尽くしてこの演劇に集中しようと思うようになったんです。「フランス語でなく、宇宙人の言葉であっても、演出家の言葉を役者は理解しなければならない」と俳優同士で話していました。監督と俳優の心のコミュニケーション、真心が行き交うようすは、観客にも伝わるのだと思います。

西川　じゃあ、演出に言語の壁があるということは問題ではなくなったと言うことですか。

ムン　はい。外国の演出家と仕事をしたのは今回が初めてでしたが、大きな問題ではないと感じたんです。違いがあるとすれば、通訳を介すので、少し時間がかかることだけですね（笑）。

西川　舞台と映画での演技には、どんな違いが感じられますか。

ムン　根本的に同じだと考えています。誰でも部屋で一人でいる時と、人前に立つ時は異なります。それぐらいの違い。ただ、劇場を使うという空間的な差はあります。カメラの前で演じている時は、実際に私たちが生活している空間と変わりがありません。しかし、演劇では舞台という空間に合わせて演じなければならない。でも、演技をする時に役に入りこみ終わったら抜け出す過程は、同じです。

西川　カメラとスタッフだけが見ているのに比べ、ダイレクトにお客さんが見ているということは何か影響はありますか。

ムン　初めて舞台に立った時は、緊張して観客を意識することもありました。だけど何回もやっているうちに「自分がやるべきことをやるだけ」という気持ちになったんです。三、四〇〇〇人から受けるプレッシャーとカメラから受ける圧迫は、それぞれに存在します。私が感じる一番大きな違いは、映画は同じ場面を何回か撮影し、一番いいものをつなげて一本の映画にしますが、演劇は毎日新しい観客の前で最善のものを見せなければならないということ。毎日最高のカットを演じることができればいいのですが、実際はそうではありません。それを保証することも不可能です。「今日は六〇点ですが、明日は八〇点のものをお見せします」というわけにはいかない。観客は毎日同じお金を出して見に行きます。今日は八〇点で明日は一〇〇点では、不公平ですよね。じゃあ、毎日八〇点でずっと演じてみようというのも、おかしな話。すべて最高のカットをお見せするべきだと思います。映画の場合は一度OKカットが撮れれば済むのですが、演劇は千秋楽までそれがずっと続くんです。ところで、日本の映画俳優さんも、舞台に立つことはよくありますか。

西川　ええ。立ちますよ。両方をやる方もたくさんいらっしゃいます。「決して舞台はやらない」と決めている人の方が、もしかしたら少ないかもしれないですね。高倉 健さんや映画の黄金期を生きたスタジオ出身の俳優さんの中には、舞台に立たなかった方も多いかもしれません。でも、舞台での鍛錬は映画の現場から受ける刺激やトレーニングとは違うところを強くするんだというのは、俳優からもよく聞きます。私は舞台の演出はしませんけれど、舞台経験のある人のタフネスというのは、やっぱり違うなと、演出をして感じることはあります。

舞台というのは一度幕が開いてしまえば、おそらく俳優自身の自主性がとても大事になるのではないのかな。本番では途中でカット！　と一旦止めて「もう一回、もっとこうして」と言ってくれる人がいるわけではないから。舞台を経験した俳優を見ると、「幕が開いて下りるまでは何とかしよう」と鍛錬されている気がしますね。

ムン　はい。すごい責任感です。

西川　本当にそうだと思います。

ムン　私の俳優のアイデンティティーとして、舞台が出発点になっているというのはとても強く、良いことだと思います。

西川　そうですね。私も舞台経験のある俳優からはそういうものを感じますね。

一方で、映画の演出というのは、さっきムン・ソリさんもおっしゃったように、同じ日にテイクを重ねることはあるけれども、そのシーンを演じるのは、大体一日だけですよね。作品のクライマックスを演じるのはただ一日だけで、その日にクライマックスシーンを決めれば良い。ピークのために私達スタッフは準備をするし、俳優も気持ちやコンディションを整える準備をするわけです。一方で舞台というのは毎日毎日、お稽古も合わせ、リハーサルも含めてずっと同じ感情とピークを作って、繰り返さなければいけない、それは俳優にとってはどんな違いがあるのかなといつも興味を持っています。

ムン　舞台での演技に向けて、周りからこんなことを言われました。「役者は自分自身をもっと信じなければならない」と。映画だったら「できるかな?」と思いながら一〇回演じて一回成功すれば、できたことになる。でも、演劇では毎日成功しなければならないんです。俳優自身が「できるかな？」と迷った瞬間、可能性は半分以下に落ちてしまいます。そして一番大事なのは、一緒に舞台に立つ俳優全員を信じること。舞台はみんなで作り出すものなので、一緒にステージに立った人とはずっと長い付き合いができるし、信頼や連帯感も強くなります。それが舞台への土台になるんです。

映画は、すべてのキャストと連帯感を持っていなくても、シーンやカットが分かれているので、あまり大きな問題になりません。演劇の場合は、お互いがモービルのように全部つながっている。だから問題があれば影響を受けるし、いいパワーも受けることになります。舞台の場合は、一緒にステージに立つ俳優との無限なる信頼関係と、自分自身への確固たる確信があってこそ、毎日を成功に導くことができるのだと思います。俳優は、まさに人間同士の疎通において何か特別なものがある存在でなければならないと思います。

西川　そうでしょうね。

ムン　逆に監督におうかがいしたいことがあります。文章を書くのは一人での作業で、演出は色々な人とやる仕事です。監督の出発点は文学だったと思いますが、今は作家と監督、二つのことやっていらっしゃいますよね。一人でペンを握る作業と、多くの人たちとコミュニケーションする作業。この二つは本質的にすごく異なりますが、どのように平行してやっているのでしょうか。

西川　まったくおっしゃる通りで、種類が違う仕事なのではないかなというふうに思いますね。やっぱり書くというのは自分の内側に向き合うことなので。たくさん取材をして、もちろん人と人の与えてくれる情報での関係性もあったりするんですけれども。結局のところは自分とペン、紙、もしくはコンピューターという世界だと思います。一人での闘い。私は自分で物語を作るために自分を孤独に追い込むんだけれども、一方で、やっぱりどこかで耐えられない部分がありまして。映画を作ることで人と関係して、他者と同じ方向を向いて歩くという行動を何年に一回かとることで、すごくバランスを取っている部分がありますね。

ムン　文学から映画に目を向けたきっかけは何だったのでしょうか。

西川　大学は文学部だったので、何かものを書く仕事に就くかなというふうに学生時代の序盤は思っていたのですけど。やっぱりずっと映画が好きだったので、学生時代の終わりぐらいから是枝監督の下で助監督をやることになりました。最初は映画作りという、みんなで船に乗る学生の文化祭のような楽しさで、一つの大きなものを作っていくスタッフの一員だったんです。でもそれは、肉体労働でもあり、みんなでわっせわっせと作っていく中にどこか自分の身の置き場というのが感じられなくて。私でなければできない仕事じゃないんじゃないかな、何か向いてないなという違和感がどこまでもありました。この仕事をずっと続けていく自信が、四年くらいやった時に持てなくなった。何をしたいのか確信は持てなかったけれど、やっぱり「書きたい」というのがどこか根底にありました。「映画」と「書く」という行動をどう繋げるかというところで、シナリオを書くという選択肢にいったというのがきっかけでした。

ムン　私も幼いころ、将来の夢は作家や小説家になりたいといつも書いていていました。当時は映像よりも本のほうが身近だったんです。大学の教育学部を受験したのは、両親に勧められたから。それを受け入れた一番大きな理由は、教師は作家と兼業しながらできるかなと思ったためです。でも、教育学部に入ってみたら、自分とは合わない仕事だと気づいた。そして、舞台を見た瞬間、演劇をやりたくなったんです。

西川　なぜ女優に？

ムン　考えてみると、高校時代までは、ほとんど動かない毎日を送っていました。学校でもずっと座っていて、家に帰っても座ったまま。親に勉強しろと言われて机に向かったり、図書館に行ったり。大学に入って「ああ、このままではダメだ」と思ったんです。私の中にエネルギーがあって、それをずっと押さえ込んでいたんですけど、「二十代は少し過激でもいいからこのエネルギーを発散して、やりたいことをやってみたい」と思ったんです。二十代を過ぎてしまったら、またずっとおとなしく暮らさなければならないから、今のうちに発散してみよう、と。そして演劇に目を向けたのですが、俳優が一番ストレートで、汗を流し、最もアグレッシブな仕事だと感じました。だから役者になったのです。まさかこんなふうにずっと映画の仕事をするとは想像していませんでしたね。

西川　おとなしい三十代どころかですね、本当に（笑）。

ムン　そうですね。一九歳まではほとんど動かない人生だったけど、やってみたら天職だな、と。実際に演劇をやってみたら、すごくよく体が動いたんですね。自分にこういう能力があったとは、知りませんでした。「こんなに楽しいのに、どうしてずっと座っていたんだろう」と不思議なくらいでした。自分自身について改めて知り直す過程だったと思います。

ですが、映画を撮ってみたら、全然ストレートでもアグレッシブでもない。インタビューもたくさん受けなくてはならないし、人前に立つ機会も多くて。「嘘っぽくて、飾り立てたものばかり。誰一人として率直に語る人はいない。こんな世界を望んだわけではないのに」という気持ちになりました。最初の頃は「映画の道は自分に合っているのだろうか」と、ずいぶん揺れていたような気がします。

西川　まったく私も同感ですね。もちろん女優さんとの露出の仕方はまったく違うんですけれども。やっぱり監督というのは単に「物語を作って、脚本を書いて、スタッフを動かして、俳優を演出して、良いものができれば終わり」、そういう職業、クリエイターだと思っていたんですね。でも、そうではなかった。映画を作るためには何千万、何億円というお金がかかって、それを回収するために自分も宣伝活動の一環として協力する義務があるんだというのを私も映画監督になって初めて知りました。今おっしゃったように人前にも立たなければならない、人前に立てばそれなりに振る舞わなければならない、映画というのは色んな人の夢を乗せているカルチャーだし。すべて仕切って、この映画のテーマの正当性について胸を張って応えなければならない。そこまで含めて映画監督という仕事だということに気づいて、大変だな、と。私も三十代、尻込みをしていました。

ムン 私も作品を作るまではいいのですが、その後の広報、配給までいったら、本当に映画をやめたくなるくらい（笑）。でも、ある瞬間こんなふうに思ったんです。練炭を運ぶのが仕事だったら、当然手が汚れるでしょう。だったら、家に帰って手を洗えばいい。傘を売るのが仕事だったら、雨に濡れるかもしれません。だったら、家に帰って乾かせばいい。そういう気持ちで仕事に臨めるようになりました。最近は、どんどん上達しているんです。私は嘘はつきません。でも真実を語らない技術がどんどん上達しています（笑）。自分自身を失わないで済む、高度なスキルが身についてきたんです。

西川 それは何となく私もわかります。

ムン 二時間話したら、どんどん秘密が出てきましたね（笑）。あと一時間ぐらい経ったら、是枝監督やイ・チャンドン監督の悪口が飛び出すかもしれませんね（笑）。

西川　すぐでも、いくらでも出ますよ（笑）。

司会　とても面白いお話ですが、そろそろ西川監督が空港に行く時間になりました。対談のまとめに入らないと……。

ムン　監督、飛行機を明日に……。

西川　明日にすれば良かった（笑）。

ムン　私は徹夜でも話せますよ。次回お会いした時には、どんな話をしてもかまわないんですよね？　私が関心を持っている日本の文学について、そして監督がお好きな作家についても聞いてみたいですね。昔の日本映画のなかで、私が大好きな監督が何人もいるんです。

西川　わかりました。じゃあきっちりと準備を。

ムン　今やっと話が本格的に始まったような気がします。

西川　そうですね。本当ですね。

ムン　まだ、監督がこの職業を選んだきっかけも聞いていないのに。

西川　そうですね。シナリオを書くというところまででした（笑）。『自由が丘で』という映画では英語でお芝居をされていましたが、母国語以外で演じるのはどんな感じなのか、外国人を演ずるのはどういう感じだったのかというのも聞いてみたいですね。

ムン　はい。次回はもっとたくさん話せるといいですね。韓国のお酒をお土産に差し上げます。

西川　ありがとうございます。

ムン　では、本当に名残惜しいですが、また次回。

西川　とても話していて面白いし、「俳優」、「監督」という壁を感じず「女優さんだからあれは聞いちゃだめかしら、これも聞いちゃだめかしら」って気遣いもなく、本当にフィルムメーカーとしての疎通ができるなというのをムン・ソリさんからは感じました。普段日本の女優にもなかなか聞けそうで聞けないことをたくさん聞かせていただいて、とても勉強になりましたし、刺激になりました。

ムン　機会があれば、私が教えている大学にも来てください。映画専門大学院なので、脚本や演出、プロデュース、演技などのクラスがあるのですが、監督がいらっしゃったら脚本や演出を学ぶ生徒をはじめ多くの人が関心を持つと思います。機会があれば、学校でそんな場も設けたらどうかな、と。一年ぐらい、ゆっくり考えてみていただけるとうれしいです。

西川　はい。ぜひとも。ありがとうございました。

ムン　ありがとうございました。

第２幕

前回のトークで話に上った、
ムン・ソリさんが大学院の卒業制作で
メガホンをとったという短編3部作。
この対談のために、日本では3作通しての上映は初となる
スペシャルな限定上映会を開く運びに。鑑賞した後にそのまま
繰り広げられた対談は本音トークがぎっしり！

西川美和（以下、西川）　昨年韓国のソウルで対談した時、ムン・ソリさんが大学に通い、そのカリキュラムの一環として短編映画を三作監督なさったというお話を聞きました。きちんと日本語字幕が付いた形で見たのは、私も今日が初めてです。ちょっと嫌になりますね（笑）。映画監督を本業としている者としては、俳優さんに、こういうキレのある作品を撮られると、ちょっと恐々としてしまうっていうか。

短編ですが時間をうまく使って、しかも自分自身を主人公にしながら絶妙かつ客観的に、女優と映画界というものを描いているのは珍しいと思います。バランスがいいし、コミカルな部分もある作品ですよね。

ムン・ソリ（以下、ムン）　三つの映画をお見せしてから話をするのは、ちょっと恥ずかしいですね（笑）。大学院で三作撮ることが卒業の条件だったんです。私は一〇年以上映画の仕事をしていますが、どんな作品を撮るか、すごく悩みました。

そもそも私が映画の勉強をしようと思ったのは監督になるのが目的ではなく、映画についての知識を深め、自分を顧みる時間を持ちたかったからです。「だったら、私自身の話から始めてみよう」と。

先ほど監督がバランスの話をしましたが、それが一番難しかったです。脚本家であり、監督であり、俳優。そして、劇中のムン・ソリ、実際のムン・ソリ、さらには女優ムン・ソリ。これらすべてのバランスを保ち、正確に客観的に見ながら、作品としての面白さをどうやって引き出していこうか、と。つまり人前で見せるムン・ソリと実際の素のムン・ソリは異なります。そのバランスをどうとればいいのか。私のすべての人間関係でもそのバランスを保つことが難しいと感じています。

俳優という職業はつらいことが多いんです。寒い日に川に入ったりとか、体をひねったり、苦手なハンドボールを三か月間特訓したり。極限状態で体がしんどい時もあるんです。でも、どんなに大変でも、その作品を演出する監督よりはマシだと改めて実感しました。監督に対する尊敬や理解が深まったような気がします（笑）。

西川　尊敬される監督でありたいですね（笑）。

ムン　すでに多くの方に尊敬されているとうかがっています。

西川　そんなことはないですよね（笑）。

私も、女優さんというのはこういうものだろうな、という漠然としたイメージはあります。でも、実際、私のように監督という立場で一緒に仕事をしても、女優さんの本当の実体とか、生活感とか、ほとんど感じられないんですね。この『女優は今日も』（＊1）を見て、オファーが途絶えてしまったり、やりたかった役ができなかったりという時のようすは半分知りつつも、半分はまったく知らない部分でした。この三本を見ることで、初めて俳優と言う生き物にもも「ああ、やっぱり彼らも人なんだな」って（笑）。これ、俳優たちが見たらすごく「あ、わかる」っていうところがあるんじゃないかと思いました。

ムン・ソリさんが、こうであろうという女優像を自らの実名を使ってちゃんと演じるところが素晴らしいなと思いましたね。これを架空のなにがしさんという女優役でムン・ソリさんが演じたら、ストンと腑に落ちない。この映画では、ムン・ソリというキャラクターを本当に絶妙に戯画化していて、作り手としての冷静さも含めて非常に怖いなと思いました。このシリーズを続けてもらいたいですね（笑）。

ムン　他の女優さんたちがどのように生活しているのか、実は私はよく知りません。自分自身を振り返ると、私は二六歳の時に、ほかの女優に比べて少し遅い年齢でデビューしました。自

＊1『女優は今日も』
久々のオファーが子持ちの精肉店の女主人役だったり、整形しない美人と揶揄されたり。ベテラン女優の悲哀をユーモアたっぷりに描く。（原作・脚本・監督・主演／ムン・ソリ）

分はどんな女優なのか改めて振り返ってみると、私は二六歳までとても平凡に生きていたんです。女優になろうという明確な目標があったわけではなく、演劇好きの普通の大学生でした。

ところが、演技を始めてみると、その平凡な生活が私の個性であり、私の力であると思うようになりました。だから今は大きなパーティに参加したり、裾を引きずるような長いドレスを着たりすることもありますが、平凡に生きてきた日常を見失ってはいけないと思っています。女優をやりながら平凡な日常を生きるのは、時に大変なこともありますが、私にとっての財産になる。いつもそんなふうに考えています。私の平凡な日常が私の演技を非凡にしてくれるのかもしれません。だから、「私のこんな女優の生活ぶりを恐れずに明かしてみよう」と思ったんです。

映画を作ってみると、「監督というのは、本当に勇敢で、ある意味ふてぶてしい人間だなあ」と感じました。結局、俳優はあくまでも監督の世界の中で表現するように努力する存在です。体と顔をスクリーンにさらしているので勇敢に見えるかもしれませんが、監督は深く自分の内面をさらけ出すわけですよね。それは簡単なことではありません。覚悟を持たないと映画は作れないと思いました。

西川監督の『永い言い訳』でも、主人公は男性ですが、私は監督の内面がすごく投影されていると感じました。小説を書いたり映画を撮ったりするたびに、自分の深い考えと内面をさらけ出すことに怖さを感じていらっしゃるのではないか。そんなふうに思ったんです。

西川　非常にためらいはありますね。恥ずかしい仕事だと思います。人に憧れられる職業の一つであるともわかっていますが、家族にはこんな職業を選んで申し訳ないと思っています。

でも、オリジナルで話を作っていったりする限りは、やっぱり自分の内面性というものをきちんと開いていかないと、多くの人の心の根っこにも響くようなものは作れないんじゃないかと。なぜかというと、小説でも映画でも作り手がきちんと自分の恥をさらしたものに「これは私の物語なんじゃないか」と私自身も共感してきたからです。

ただ、やっぱり恥ずかしいんですね。だから、男性主人公で書くのも、恥ずかしさにオブラートをかける手段の一つなんです。これを女性主人公にして、女性の映画監督という設定で『永い言い訳』を書いたら、もうちょっといい人として書いていたな、と（笑）。私自身の経験や告白というふうに見られれば、やはり私自身も怖い部分がありまして。そこにブレーキを掛けないために、男性という仮面をかぶり、小説家という、ちょっとひとひねり自分から遠ざけることで、主人公のマイナスな部分も、あるいは人として優しい部分も、思う存分照れなく描けた部分があるかな、と思います。

監督とは勇敢な職業、勇敢でなければできない職業であるっていうことはよくわかっていますが、そこで助けてくれるのが俳優と言う存在で、私が演じるわけじゃない。俳優が作品の顔となって、時には裸にもなりながらその役を私に成り代わって背負ってくれるということでの、深い共犯関係が結ばれるんだと思います。

ムン・ソリさんの作品の中で非常に新鮮だったのが、三部構成の中の三番目の『最高の監督』です。主人公は亡くなった映画監督の一四年前の作品に納得がいっていないという設定でしたが、納得いかなかった作品に対して俳優がどういう感情を抱いているかというのを、あんなふうに繊細に表現した作品はないと思うんですよね。一作一作、俳優たちは本当に色んなものを削りながら監督という人を信じるしかなくて、いろんなものを失いつつ尽くしたのに、その作品が本当にいいと思うものにならなかった哀しみ。そして監督自身に対する執着。そんな曲折した思いが描かれていました。私にとっては、過去に色々と仕事をした俳優たちが自分のことをどう思っているのか見つめ直す、重たい作品でしたね（笑）。

ムン　だから『最高の監督』を見た映画監督の中には、「タイトルには〝最高〟と冠しているけれど、監督たちを墓場に埋めてやろうという怖い作品だった」とおっしゃった方もいたんです（笑）。「最後のシーンに出てくる墓地は、すべて監督の墓なのか？」と。

これまで多くの作品に出演してきましたが、大好きなものもあれば、絶えず胸が痛むような、怒りがこみ上げてくるようなものもありました。でも、なぜその作品に対して怒りを感じたり胸が痛んだりしたのか思い返すと、結局は自分自身に欲があったせいではないか、と。当時の私には理解できなかった監督の世界観があったかもしれないし、私には同意できなかったとしても、他の世界というのもありうると思ったんです。当時の自分自身を振り返りながら、「なぜあの時は興奮して怒りを感じたりしたんだろう」と、私自身の反省も少し込めています。

いい監督、そして芸術家は、他人に認められることや評価で形成されるのではないのかもしれないと思うようになりました。監督が追求しているそれぞれの美しさがあれば、表現せずにいられないのであり、その人はまさに創作者であり芸術家なのではないかと考えるようになりました。

美しさにも色々な形がありますよね。北野 武監督が描く美しさ、岩井俊二監督が描く美しさ、西川監督が描く美しさ、追い求めている美しさはそれぞれ異なると思います。私が考えている美しさと、監督が求めている美しさに違いがあったとしても、もし監督がその美しさを一生かけて追っている方なのであれば、一作品に対して私が下手な評価を下すことは誤りではないかとこの作品を通じて感じたんです。

西川　そこに行きついたわけですね（笑）。

ムン　『永い言い訳』を見ましたが、監督のこれまでの作品に比べて美しく輝くシーンがたくさんあると感じました。画面の演出、明るさ、自然。撮影監督が変わりましたか？

西川監督はもともと文章を書く方なので、ストーリーの力が強いと以前から感じていましたが、映像的にもパワフルなものを見せてくださるんだな、と。何か変化があったのでしょうか。

西川 そういうふうに感想を持っていただけるんだとしたら、今回は先に小説を書いたことが影響したのかな、と今思いました。物語はシナリオの時に自分がゼロから作るので、それは変わらないのですが、言葉の世界でできることをしっかり時間をかけてやったんですね。つまり、映画にならないこと、目に見えないこと、耳に聞こえない表現をセーブせずに、しっかり小説を書いたんです。それを映画にしていく時に、言葉の世界でできないことは何なのか改めて考えたんだと思います。台詞もなく、言葉で表現できない美しさをどう撮っていくか。生身の子どもの成長や、彼らの声、表情を、どれだけ撮れるかなということを念頭にシナリオ作りに関わりました。

また、撮影期間の問題もありました。前作の『夢売るふたり』の設定は一年ぐらいの期間でしたが、だいたい日本の映画というのは、長い期間の話でも一か月半とか、二か月で撮っちゃうんですね。冬の撮影であれば、半袖を着て、強いライトをたいて俳優さんに無理してもらう。でも、それでできることの限界を感じていたんです。

『永い言い訳』のモチーフは、目に見えて大きくなる子ども達です。それをやっぱり一月半で、いきなり学ラン着せたってダメだろということがありまして(笑)。お金は少しかかるけれど、少人数体制にするから、四季を追って撮っていくことにしました。東京周辺の話だからそんなに自然が豊かではないのですが、ささやかな移り変わりをきちんと撮っていきたいなと思いました。小説の中には、夏の海のシーンはなかったのですが、夏の海で子ども達が水際で遊んでいるようすは映像のほうが映えると思ったので、あえて小説には書かずに映画にとっておいたりしましたね。

撮影したのは是枝監督の作品をたくさん撮っている山崎 裕さんです。『誰も知らない』とか、『歩いても歩いても』とか。今、七六歳。『永い言い訳』に出演した中で一番小さいのが五歳の女の子だったんですね。撮影当時、下は五歳、上は七五歳。二人とも言うことを聞かないっていう（笑）。本当、大変な撮影でした。

ムン 年下と年下の方にお仕えして大変でしたね（笑）。本当に映画の中に登場する灯ちゃんの持つ力とかわいらしさは、どんなに素晴らしい作家さんでも文章では表現しきれないのではないでしょうか。それは本当に映像で見ないとわからないと思います。

西川 本当に思うようにいかないですね、子どもって。それが今回私にとって一番大きな経験でした（笑）。今まで技術の高い、上手い俳優さんたちに、自分の書いたシナリオを的確に演じてもらうというラクをしてきたので。さっきまでやる気だったのに、「お兄ちゃんが先に帰っちゃった」ってぐずり始めるっていう。ただ、思うままにいかない人たちが出してくるものというのが、綿密に設計したシナリオを一〇〇点のお芝居で大人の俳優がやる以上に、場外ホームラン打つこともあるんです。その分、とんでもない数の三振に付き合わなきゃいけないということも（笑）。でも、それはやっぱり子どもの演技というものの破壊力だなと思いました。

ムン　以前、是枝監督と一緒に仕事をされていましたよね。だから「是枝監督から子役から演技を引き出すノウハウを聞いて、それを活用したのかな」と思いました。本当に子役の演技が素晴らしかったので。

西川　確かに是枝監督は子どもの演出が素晴らしいですよね。でも、私は是枝監督が子どもの演出をされた作品の助監督にはついていなかったので、監督に秘訣を聞いたんです。「ほとんど演技経験のない子どもをキャスティングし、シナリオは事前にいっさい見せない。撮影当日に耳元で言うべきことをコソコソってささやいて現場で作っていくんだ」と。子どもって学習能力が高いのが良し悪しで、一度癖になってしまったことは、大人の俳優のように調整がきかないんですね。だから真面目な子役ほど家で練習しすぎて、お母さんに演出されて。オーディションの時はすごく生き生きしていたのに、現場にくるとガチガチになってるっていうケースも……。

ムン　韓国も同じです（笑）。

西川　私もそのやり方でいったら、確実に『誰も知らない』のような作品が撮れるかと思って。

やってみたけれど、全然ダメ（笑）。子どもによってやっぱり個性が違うんだなというのもわかりました。何の準備もなく臨機応変にできる子もいれば、その日にやることを知っておいたほうが不安なく自由になれる人もいる。大人の俳優でもたぶんそうだと思いますね。その人なりのアプローチがあるし、きちんと観察して対応してあげることが大事なんだなと、やっていくうちに学んでいきました。

ムン　監督たちも作品を撮るたびに違う俳優を相手にしなければならないし、個性が異なる様々な役者と疎通しないといけないですよね。俳優は変わった人が多いので、大変だと思います。逆を言えば、俳優も同じ。役者も新しい作品に取り掛かるたびに、監督のスタイルを考えます。監督も変な人がすごく多いんです（笑）。監督とどう疎通をしていくか、作品と向き合うたびに、俳優にとっての一番大きな宿題となります。監督とのコミュニケーションは、作品の出来にも影響を与えると思います。

ところで、映画の『永い言い訳』というタイトルが面白いですね。言い訳が永いということは、悪いことをたくさんしたってことですよね（笑）。最初、どんな過ちを犯したのかな、と思いながら映画を見たのですが、やはり主人公がとても悪い男でした（笑）。こんな男はやはり罰が下るべきだ、と。でも、見ているうちに自分自身の中にも主人公と同じものがあると感じたんです。同じ罪を犯したということではなく、誰もが持っているものが描かれていて、罪の意識のようなものを感じながら映画を見ました。監督がしっかりと自分のカラーを表現している姿を応援したいと思います。
西川監督は、もともと小説を先に書いて映画化しようと計画していたのですか？　次回作についても気になります。

西川　四〇歳になる前から『永い言い訳』を書きはじめ、四〇年近く生きてきた自分自身の人生の実感のようなものを、余すところなく出した作品です。恥とか自分の中の後悔とか、そういうものも全部織り交ぜて作りました。私小説的な作品としての要素があると思います。だから、次回作についてはあまり似たようなものを続けてやらないほうがいいな、と。

映画を作るためのプロセスも、色んな方法で探ってみたいなと思っています。次は、自分に近いものではなく、知らない世界のことをまた色々と取材し、文章にまとめるかもしれません。新しい映画作りをしていきながら、平凡な生活者としての人生も傍らで進めながら、時間が経った時にまた自分に近いキャラクター、精神性を投影したような作品を作っていけるかなと思っています。

ムン　よくわからない時は、韓国に取材にいらしてください。私も一緒に仕事をちょっとできる機会があればいいな、と（笑）。

西川　そうですね（笑）。ムン・ソリさん、素晴らしい女優さんじゃないですか。いつも新作を撮る時、女性のキャラクターがいると真っ先に浮かぶんですよね。なかなかね、そういうチャンスがないですし（笑）。韓国と日本って近いところもあり、違うところもあって。これだけ近いのに言葉がまったく違う。この言葉の壁は、私も言葉を扱っているだけに、非常に神経質な部分でもあると感じています。でも、これをうまく使って、いつか何か新しいものができたら面白いだろうなと思いますね。

ムン　昨年、パク・チャヌク監督の『お嬢さん』という映画（＊2）に小さな役で出演させていただきました。日本の貴族を演じています。本を朗読するシーンがあったのですが、日本語で演技するのがすごく難しかったです。その映画のほかの方々の役は、日本語を喋る韓国人が色々出てきますが、日本語がネイティブ並みじゃなくても大丈夫な役でした。でも、私は日本の貴族（笑）。だからその映画の中では私が、本当に一番日本語が上手でなければいけなかったんです。

困ってしまって、パク・チャヌク監督に「日本の女性をキャスティングすれば

＊2 『お嬢さん』という映画

サラ・ウォーターズの小説『荊の城』を原案としたサスペンス。舞台を日本の植民地時代の韓国に置き換え、日本人役のムン・ソリが、主人公に対して流暢に日本語を教えるシーンも話題に。（監督／パク・チャヌク）

発売・販売元／TCエンタテインメント　Blu-ray & DVD発売中　

いいのに、どうして私を？」と聞きました。すると、「ムン・ソリさんと一緒に仕事をしてみたかったから。無理ですか？」と言うので、「いや、無理だなんて言ってません。やります」と。英語で演技したこともありますが、その時は私の英語のレベルで大丈夫だったんです。でも『お嬢さん』は、私のレベル以上の日本語を求められて。微妙なイントネーションの違いなどがとても難しく、三か月間本当に苦労しました。

『お嬢さん』の撮影中は、着物を身に着けていなければならなかったんです。着物は締め付けるので、時々呼吸困難を起こしそうになって、お腹が空くのも忘れていました。とにかく息苦しくて、「カット！」と声がかかると「ほどいてください！」と言って息をしていた、そんなことを思い出します。韓服を一度着てみてください。息もたくさんできますし、ごはんもお腹いっぱい食べることができますよ（笑）。

西川　そっか……（笑）。チャンスがあれば、着てみたいですね。

ムン　韓国の小説を読むことはありますか？　そして、どんな小説が好きですか。

私は成瀬巳喜男監督や小津安二郎監督のような昔の映画監督、作家では大江健三郎や川端康成、太宰 治、吉本ばなながが大好きなんです。幼い頃から日本の本をたくさん読んで、影響を受けました。日本の文学は、韓国の人々にとても親しまれています。奥田英朗や宮部みゆきの小説は、韓国で映画化もされています。最近韓国のドラマやK－POPが日本やアジアに大きな影響を与えていますが、実はそれ以前に、日本から多くの文化的な影響を受けていると思うんですね。だから日本には文化的に大きな借りがあるように感じます。韓国の作家の作品は日本の一般の人たちに読まれているのか気になります。

西川 私が韓国の文化にしっかり触れ始めたのは遅くて、たぶん九〇年代の終わりからだったと思います。近い国なのにほとんど知らずにきたなあと思いました。九〇年代終わりごろから映画ではイ・チャンドン監督やパク・チャヌク監督、キム・ギドク監督、ポン・ジュノ監督の作品を見るようになって。バリエーションも個性も豊富で、パワフルなものを作るな、と。「私たちが作るものとはテイストも違うし、面白いな」というところから韓国のカルチャーに触れ始めたと思います。やっぱり映画の素晴らしいところっていうのは、視覚的に色んなものが情報化されているので、暮らしぶりだとか、どういうものを食べるのかだとか、あんなに外は寒そうなのに家の中を裸足で歩いているとか（笑）、そういうことも映画を通じて知りました。

あの、正直申しますと、ほとんど韓国の小説には触れたことがありませんでした。近年になってから知り合いの方から進められて、韓国の方が書かれた小説を何作か読み始めたところです。最初に読んだきっかけは、イ・チャンドン監督が小説家だということが大きかったですね。日本で翻訳されているものはごくわずかだと思いますけど、本当に小さな短編を読んだ時に、文法が近いからなのか、表現がとてもしっくりくるんですね。映像的でなくストーリー的でもない、人間の内面を描くという意味で、日本の文学と非常に近いところがあり、感動したのを覚えています。近年ではハン・ガンさんが書かれた『菜食主義者』（＊3）という作品を推薦されて読みました。とっても面白かったし、映画にしてもいいなと思いました。

韓国映画が映画の世界で見せているあのスケール感とは違う、内省的な世界というのが韓国の文学の中にはしっかりあって、日本人でも読みやすいですね。これから少しずつですけれども、私も韓国の小説にも触れていければいいなと思います。

ムン　思っている以上に日本の演劇が翻案されて韓国で上演されることも多いですし、日本の小説は韓国でとても人気があります。日本映画もよく観られています。例えば是枝裕和監督は韓国でサイン会をしたら大盛況になるぐらいファン層が厚い。そんなふうに、日本文化から大きな影響を受け、関心も高いんです。

韓流と言えばペ・ヨンジュンさんのファンも多いと思いますが、それ以外の様々な文化についても、お互いに紹介しあえればいいですね。韓国の小説や演劇が日本で紹介される機会が増

＊3『菜食主義者』
肉食を拒んで痩せていく妻。そして菜食をやめさせようとする夫。日常に潜む抑圧を問い、マン・ブッカー国際賞に輝いた話題作。（ハン・ガン著 きむ ふな訳／クオン）

えたらいいな、と思います。

西川　まずはムン・ソリさんがこの女優についての映画をシリーズ化されて（笑）、ますます日本に輸出していただいて。

ムン　でも……、映画を演出してみたら、すごく大変で。一気に老け込んでしまうんです。演出と俳優業は両立できるのだろうか？と思いました。けれど西川監督はいつも変わらないですよね。あんなにいい作品を撮っても、お会いすると全然老けてない。すごく不思議です（笑）。

私は短い作品でも、監督として撮り終えると自分がとたんに老けてしまったと感じたので、演出はやめなくちゃと思っていたんです。でも、西川監督にお会いしたらすぐに「これからも演出をするように」とおっしゃったので、どうしようかなと……（笑）。

西川　だって、皆さんも撮り続けたほうがいいと思いますよね？（会場拍手）。日本でも一本撮って三歳老けるという話があるんですけれどもね。私もムン・ソリさんと同じ年なんです（笑）。同じ七月生まれです。それなりに老け込みながらやっていますが（笑）。でも、まあ、歳も味方に付けながら演じてらっしゃるムン・ソリさん。こういう言葉があのシナリオにまた投影されるんでしょうけどね。

ムン　ふふふ（笑）。

西川　やっぱりこれだけの客観性とユーモアセンスを持っていらっしゃる作家というのは非常

に珍しい。その人にしか描けない世界があるっていうのは強みだと思うんですね。だから色々なムン・ソリさんの作品を見たいなと本気で思いました。ご自身が演じていらっしゃるっていうのもあるのでしょうが、女性監督とかそういうもので区切りをつけることは私も嫌なんだけれど、ものすごく主人公に共感性が高いな、と。女性としても。なんか生々しい感情であったり、自分が監督をしながら演じていると、ここまで完成度の高いものができるんだなというのは実感しました。

おたがい老け込むことを恐れずに（笑）、ぜひ続けていていただけばと思います。

ムン　わかりました。（会場拍手）。私たち二人でずいぶん話し込んでしまいましたけれど、観客のみなさんも質問があるのではないかと思います。マイクを会場にお渡ししてみるのはいかがでしょう？　そんなタイミングではないでしょうか。

観客①　お二人は同じ年の七月生まれで、女性同士で。お仕事と関係なく何か共通点を感じたこと、お互い会って感じたことがあれば、聞いてみたいです。

ムン　私は西川監督の『ゆれる』という映画を見て、「これを撮った監督はどんな方なんだろう」と思いました。そして調べてみたところ、美貌のプロフィール写真を見つけて、「ああ、こんな方が撮ったんだ。しかも女性でありながら、すごく真摯でパワフルな作品を作るんだ」と驚きました。

その後、『夢売るふたり』という作品で監督がソウル国際女性映画祭（＊4）に参加されるという話を聞き、映画祭の事務局に電話をし、「西川監督が韓国に来るんですか」と訊きました。「もし監督がいらっしゃるのであれば、ぜひお食事をご一緒させていただきたい」と。自分からそんなふうに監督を食事にお誘いするのは普段なかなかないのですが、勇気を出してやってみました。「監督の立場からすると、男優さんがその場に現れなかったので、がっかりしたのでは？」なんて冗談を交わしながら、一緒に食事をしました。

何度かお会いするうちに、日本人であることや映画監督であることを超えて、小説を書き、映画を撮り、自分の道を歩む姿、そして自らの世界観を持ちながら表現する姿が一人の人間として素敵だなと感じるようになりました。私も映画を作る世界に身を置いて十数年たちますが、これからも女優という枠にとらわれず、色々チャレンジしてみたいと思います。面白いものを作ってみたり、演技をしたり、学校で演技を教えたり。そんなふうに自分の道をゆるやかに歩いていきたいですね。

監督の次の映画も楽しみですし、小説も韓国で出版されると聞き

＊4 ソウル国際女性映画祭
「女性の目で世界を見よう」をテーマに、世界中の女性監督作品百本以上を上映。アジア最大規模の女性映画祭として一九九七年以来、毎年春に開催。映画を目指す人材発掘や支援にも力を入れている。

期待しています。いい友人が日本にいると感じています。

ところで、韓国にシン・ヨンボク先生という私が尊敬する経済学者がいらっしゃいます。二〇一六年に亡くなったのですが……。その方がこんな言葉を残しました。「友達のような師匠が真の意味で良い師匠である。また師匠のように尊敬できる友達は、真の意味で良い友人である」と。西川監督は、私にとって尊敬でき、友人でもある存在なんです。

西川　カムサハムニダ。みなさん、いかがですか、この知性。すごいでしょう。後にも先にも女優さんにご飯誘われたのはそれが一度きりです（笑）。素敵な韓定食のお店に連れて行っていただきました。そうなんですよね、女優さんからご飯を誘われると、「何、何があるのよ、その裏に!?」って（笑）。そういうのもあって、女優さん達も配慮してなかなか声をかけてくださらないのかもしれないんですけれども。とにかくスクリーンでしか拝見したことのない方だったし、とても憧れていた人なので、まさか自分に声をかけてくださるとは思わなくてですね。もう、ひょいひょいと行ったんですけれども（笑）。

ムン・ソリさんは、今日お話聞かれてわかる通り、とてもお話も知的で面白い。けれども、いい意味で普通さがある。本当、俳優って変わってるから（笑）。人としてまともなんですよね、ムン・ソリさん。だから、女優とか監督とか、そういう関係ではなく普通の人間の感覚で、お芝居や映画についてなんかほぐれた気持ちで語り合うことができる関係性だなと思って。私も細長くでも続けていければなと思っています。

観客②　韓国で演劇を見る機会がありました。韓国の俳優さんの演技がリアルで、本当にその役のキャラクターの人生を覗いているような感覚があって新鮮でした。役を演じる時にリアリティーを出す秘訣はありますか。

ムン　それは私が食べて生きていくための秘訣なので、明かすわけには……（笑）。

私が初めて映画に出たのは、イ・チャンドン監督の作品『オアシス』（＊5）でした。キャスティングされた当時は演技についてもよくわからず、大学でも教育学専攻で、ただの演劇が大好きな学生だったんです。卒業してすぐに映画に出演することになったのですが、私がどう演じればいいのか悩んでいると、イ・チャンドン監督はこう言ったんです。「演技をしなくていい」って。「でも、演技をさせるために、私をキャスティングしたのでは？」と不思議でした。さらに監督は「セリフを言うな」と。「ここにセリフが書かれているのに、どうしたらいいの」と思いましたね（笑）。そして監督は、こう言いました。「君がその人物として生き、その人物として話を

＊5『オアシス』
前科三犯の男と重度脳性麻痺の女性が秘かに育む純粋な愛。ベネチア国際映画祭で新人俳優賞を得たムン・ソリの出世作。（監督／イ・チャンドン）

するんだ。それは、演技でもなく、セリフでもない。そのようすを僕が撮影する。それだけのことだ」。抽象的すぎて、「別人になりきるなんて、できるのか……」と。当時の私は若すぎて、監督が語ろうとすることの意味がよくわからなかったんですね。そんな言葉を心に留めながら、できる限り演じる役と向き合い、その人物として偽りなく生きる努力を絶えずするようにしています。その努力が演じることにおける重要な過程でもあるのではないかと感じています。すごく大切な経験でした。

西川　どんな努力なのか……。まだまだ聞きたいですよね。本当にその通りだと思うんだけれども、じゃ、どうやったらその人物を生きられるの。そこのところで、多くの俳優が壁にぶちあたり、監督をいじめるんですよね（笑）。どんな努力、工夫、その……、「演技をするな」って。『オアシス』の役をねえ（笑）。え、どういうことだろう（笑）。取材をしたり、自ら観察したり、あるいは自宅でいろんな自主トレもあるかもしれません。俳優のアプローチ方法って、なかなか監督の目からも見えないんですね。だから、韓国の俳優たちも一人一人やり方は違うのでしょう。本当はね、具体的なところを、一作品、一作品紐解いて聞きたいんですが。また今度第三弾があればそこを突っ込んで聞いてみたいですね（笑）。

西川美和からムン・ソリへの手紙

ムン・ソリさま

その後お元気ですか？　お目にかかってからまたすっかり時間が経ってしまいました。お手紙を書いてね、とずいぶん前に出版社のキムさんから頼まれていたのに、私は次回作のための取材や、コマーシャルフィルムの撮影などに明け暮れて日々を過ごしていました。

ごくたまにですが私の元には「CMを撮ってくれませんか」という仕事の依頼がやって来るので、スケジュールさえ合えば引き受けさせてもらいます。日本の相場では映画の仕事に比べてコマーシャルの仕事はとてもギャラが良いので、私のように三年か四年ごとにしか映画を発表しない映画監督にとっては、年に一本でもコマーシャルを撮らせてもらえれば大いに生活の足しになりますし、自分以外の人が「こんなものを作りたい」と思って描いたプランに沿いながら仕事をすることも、実はとても楽しいんです。映画の現場では、私が「これが良い」と、ジャッジしたものはたちまち絶対的な正義とみなされ、それを座標軸にしてすべてが動いて行きますが、コマーシャルにおいてはクライアントの企業の人から「困る」「ちょっと違う」「クレームがつく」と物言いがつけば、もう一度アイデアを練り直して彼らの「正義」との折り合いを付けなくてはなりません。ボツにされたコンテや編集を手直ししながら、ダサい！　サムい！　ありきたり！　と腹の内で毒づくことも少なくはありませんが、「自分の正義が果たしてほんとうに正義なのか」という泥沼のような自問自答から解放されて、ちょっとほっとしているところもあります。でき上がったものに対してかすかに不満が残ったとしても、「企業の人からそうして欲しいと言われたんだから」と自分を納得させることもできます。映画の仕事は楽しいことが多いけれど、それに比べれば言い訳が利かないから、すこしだけ帰り道が怖くなることもあります。

自分のことばかり書いてしまいましたが、ムン・ソリさんはどのようにお過ごしでしたか？二月のムン・ソリ監督短編作品上映会を観た人は、口を揃えて「面白かった」「もっと観たい」と絶賛していました。

「監督は、女優さんにあんな作品を撮られてしまうと悔しいんじゃないですか?」と、にやにやしながら私に質問してくる人も居ました。余計なお世話だ。別に悔しくなんかねえよ。そもそもムン・ソリをそこらの女優と一緒にするな。などと思いながら、しかし女優という職業の人のもまた、何をやるにしても「女優なのに」という厄介な枕詞をかぶらされる宿命にあるのだなあ、とも思いました。「女優なのに監督が出来る」「女優なのに知的」「女優なのに謙虚」「女優なのに気さく」「女優なのにブス」——大変だなあ。まったく何という因果な生業でしょう。でもそれだからこそあの『女優シリーズ』が面白いのであって、まるで事件の真犯人しか知り得ない「秘密の暴露」のように、女優を生きたことのある人にしか描き得ない唯一無二の作品となっているのだと思います。そしてそれを観た私は、初めて女優という生き方をしている人に心から親しみを感じたようにも思います。けれど、「もっとどんどん作ってよ〜」と言うは易し。作ることの苦しみに常に喘いでいる私は、そこはぐっと堪えておきますが、でもご自身の中に、ほかの人の作ったキャラクターを演じるだけではない力があるということを、たまに思い出してみてくださいね。

今年の夏は暑くなりそうですね。どうぞご家族ともにお元気でお過ごしください。またお目にかかれる日を楽しみにしています。そして女優たちは、あんたたちがこんな厄介事を言ってくる時は、こんな風に感じているものなのよと、またこっそり教えてもらえると嬉しいです。

二〇一七年初夏
西川美和

ムン・ソリから西川美和への手紙

西川美和さんへ

その後、いかがお過ごしでしたか？

お返事が大変遅くなり、ごめんなさい。

日々存在するたくさんの仕事に追われて暮らしていると、一番大事なことは何か判断できないことが多く、また、重要だと思いながらも、あれこれの事情でそれを優先してこなせないこともしばしばです。

そのたびに自分を責めたり、色々な方に申し訳ない気持ちになったりします。

だから、母親を必要としている私の娘にいつもうしろめたさを感じ、またこの手紙を書いているこの瞬間には、西川美和監督に申し訳ない気持ちを感じているのだと思います。

この秋、私は自分が製作した三本の短編映画（日本で対談した時に上映した映画）を、『女優は今日も』というタイトルの三幕で構成した長編映画にまとめ、韓国で短期間ですが劇場公開しました。

映画とは、つまるところ観客と出会わなければならない運命であるため、できるだけ多くの観客に観ていただけるよう、私なりに努力をしてみました。でも、結局『女優は今日も』は、メジャーな投資配給会社の作品に比べると、ごくわずかな観客数で、一か月半で上映を終えました。

そして冬が目と鼻の先に近づいた今、私の心の中は、観客が少なかったことに対する切なさよりも、多くのことを感じ、勉強できた時間に対する感謝の気持ちで満たされています。

私は『女優は今日も』を公開する過程で、韓国だけの問題ではない大手配給会社やシネコンチェーンのスクリーン寡占問題について多くのことを知り、韓国社会におけるフェミニズム議論の現状や進むべき道についても、たくさん学びました。また同時に、今回得たことが今後の私の演技や映画人生に多大な影響を及ぼしそうな予感も強く感じています。

さらに忘れられないのは、観客たちの声援でした。

多いといえば多い、少ないといえば少ない、そんな数の観客でしたが、彼らの笑い、涙、共感、癒しは私が想像していた以上で、本当に貴重なものでした。願わくば、この映画がもう少し長い間持ちこたえて公開され、さらなる観客たちと出会ってほしかったです。

演出を経験しながら、監督というのは多くの人に囲まれながらも実に孤独だという感をぬぐうことができませんでした。

監督という仕事がこんな気持ちであるならば、作家という職業はもっと寂しいことでしょう。ふと、西川監督は孤独と上手に闘っているのか、または寂しさを楽しんでいるのか、気になりました。

映画『永い言い訳』が韓国で公開された時、お会いできずに本当に残念でした。

いつかまた会える日が来ますよね?

十月に釜山国際映画祭のトークイベントで中山美穂さんと話を交わした時、そして行定勲監督とお話した時にも、西川監督のことが心に浮かびました。

最近はどんな作品を構想中なのか、またはどんな映画を作っているのか。

東京にいらっしゃるのか、またはどこか別の場所で執筆されているのでしょうか……。

二〇一七年十月

ムン・ソリ

人名カルタ
世界十五大哲学

第2章

小説家
キム・ジュンヒョク
×
寄藤文平
グラフィックデザイナー

第1幕

1st TALK SHOW @ JAPAN
2015年12月17日(木)
19:00 ～ 20:30
東京堂ホールにて

この日お2人は初対面。けれども、
事前に手紙のやりとりを交わしていたこともあり、
ほどよく打ち解けた感じの空気が流れていました。
ゆる～りといくよ……と言いつつも、
笑いを交えた会話のキャッチボールは、
ポーンと深い思考を誘う方へと向かっていくのでした。

寄藤文平（以下、寄藤） 今日、昼ぐらいにキムさんが僕の事務所（＊1）に来てくださって、色々話をしました。僕が「昨日あんまり寝てなかった」と言ったら、「対談の前にゆっくり休んでくださいね」と声をかけてくださって、尻馬に乗ってちょっと休んだんですね。そしたら休みすぎてしまって直前までぐうすかと（笑）。「もう行かなくちゃいけない」っていう時間なのに、着替えはないし、髪も流しで洗ったから自然と湿ってるんです（笑）。大急ぎでタクシーに乗ったんですけど、信号ごとに赤ばかりで、久しぶりにひやひやしました。そんな感じでこの場に来ました。きちんとしていなくて、本当に申し訳ないのですが、どうぞよろしくお願いします。

今日は僕がキムさんに色々質問する形で進めることになっています。キムさんは小説を書いていて、僕はデザインをしている。表現の方法は違いますが、すごく近しいものだと感じています。聞きたいことがすごくいっぱいあるんですが、でも上手く言葉にならなくて、何から始めたらいいのか正直なところわからないでいます。焦った赤信号の途中で考えた一つ目

＊1　僕の事務所
＝【文平銀座】
2000年に設立された「文平銀座」。広告のアートデザインや本・雑誌のエディトリアルデザインなど幅広く手がける。クオンの「新しい韓国の文学」シリーズ、晶文社の「韓国文学のオクリモノ」シリーズなど、文芸書に新しい息吹も吹き込んでいる。

の質問としては、おいしいものを食べた時に明るい表情で「おいしい！」とうれしそうに言う人と、眉間にシワを寄せて「おいしい」と言う人がいるんですけれど、キムさんはどちらですか？

キム・ジュンヒョク（以下、キム）　お答えする前に、そんなふうに苦労して会場にいらっしゃるのだとわかっていれば、私も洋服を適当に着てくればよかったです（笑）。なんかカッコつけていると思われてしまうかもしれませんが、日本に来ている間この服一着しか持ち合わせていないので、ご理解いただければと思います。

少し前に、私達はペンパルみたいに書簡を往復させたんです（＊2）。その手紙の中に、「どうして男性は、女性の大臀筋という骨盤に張り付いた筋肉を見ると欲情を起こすのか」という質問が書かれていたんです。その答えを必死に考えていたのに……、突然「おいしい」について聞かれたので、ちょっと戸惑っています（笑）。私の場合を考えてみると、食べた後すぐにおいしいかどうかという判断はしないように思います。「どうしてこんな味がするのかな？」「どんな材料で作られているのかな？」と考えて、家に帰りながら「ああ、おいしかったなあ」と。そして、後味が悪い料理を食べてしまった時は、帰宅途中に「本当にまずかったな」と腹立だしい気分になります（笑）。私も質問があるので、この話が終わったあとに聞きますね。

＊2　ペンパルみたいに書簡を往復させたんです
すべての登壇者同士が、対談に前後して手紙を交わした。自己紹介を兼ねて対談前にやりとりされた寄藤文平×キム・ジュンヒョクの往復書簡は、この一幕の後に続く〇九六〜一〇三ページに掲載。

寄藤　いや、僕もただ質問をしてみたかっただけなんです。続くものがあるという訳ではありません（笑）。

今のお話で、ジュンヒョクさんの小説の中にも似た感覚というか、一つのある現象があって、その時パッと反応するのではなくて、ゆっくり延長されていくような感じがありますね。その感じとすごく通じるものがあるのかなと思いました。ビールは一杯目はおいしく感じますが、最後のほうはおいしくないっていうことがありますね。体調によっても変わるかもしれません。おっしゃっていた通り、確かにおいしいっていうのは、その瞬間じゃなくて、もう少し長い時間がかかるものですよね。――ぜひ次の質問をお願いします。

キム　今、私の小説の中に似た感覚があるとおっしゃったのを聞き、思ったことがあります。おそらく私の小説は、こんな人達のためのものだと思います。それは、圧力や不正に対してすぐに怒りをぶつけたり抗議したりするのではなく、じっくりと考えて、一足遅れて反応する人達。何かが起きた後に帰宅して家で横になったときに「あの時言い返せばよかった。そうすればもっとかっこよかったのに」と思ってしまうタイプの人達。僕は、そんなタイプの人々が文学的タイプなのだと思うんです。そういう方達と何かを共有できる小説を書きたいと思っています。

文平さんの本を楽しく読ませていただきました。その中で印象的だったフレーズがあります。

剣道がなかなか上達せず、竹刀を振りかざす姿勢が上手く取れなかった時、剣道の先生に「竹刀についている小石を遠くに投げるような感じで振るように」と言われて、その通りにやったら上手くいくようになった、と。

私はその表現がとても文学的だと考えましたが、「文学的」というのは何だと思いますか?

寄藤　ああ、ものすごく難しい質問ですね。僕は今この話をうかがって、「そういうものを文学的っていうんだなあ」と思ったところです。今、日本には文学を定義した言葉が色々あるけれど、その中でも僕にとっては今おっしゃっていただいた「文学的」の定義がすごくフィットしました。だから、「ああ、今おっしゃった通りのことだ」という感じです。

「文学的」っていうことの答えになるかはわかりませんが、もしあいまいな何かを伝える時に、より近い別の何かに置き変えていくことの中に「文学性」があるのだとしたら、僕は「どのように置き変えるのか」、「理解をするのに必要な置き換えっていうのはどういうものか」ということには非常に関心が強いですね。

一個の現象に一つの辞書で対応するタイプの置き換えがあります。そして、一個の現象にいくつもの辞書が紐づいているタイプの置き換えもある。ジュンヒョクさんが今おっしゃっていた「文学的」なものは、ある一つの置き換えによって、ものすごくたくさんのものをいっぺんに説明するようなタイプですね。ジュンヒョクさんに竹刀の表現を文学的だとおっしゃっていただいて、そういう置き換えのことを「文学的」というふうに呼んでもいいのかもしれないと思いました。

キム　韓国でよく使われる比喩に「私の心は湖だ」というのがあります。「そなたの船を漕ぎ、私の元に来なさい」という言葉が後に続きます。これは文学的ではありますが、それほど心に迫ってきません。とてもありきたりな比喩だと思います。この世の中に今まで存在しなかった置き換え、比喩をするには、どのような想像力が必要だと思うのか。絵を描く方としての意見をうかがってみたいです。

寄藤　なるほど。質問がすべて的確で、ジュンヒョクさんの質問そのものにすごく感動します。どうしてそんなにシャープな質問ができるんだろうっていう、そこにちょっと「僕どうしよう」って気後れを感じています。

比喩っていうものは、僕も今すごく調べている最中です。自分にとってぴったりくる比喩が見つかった時は、特別な感覚がありますね。「この比喩は正しい」ってことを感じ取る時に、ピタッと合っている感じがあるんですよね。その比喩が見つかるまでひたすら色んな比喩を並べていくプロセスがあります。

例えば木を描く時に、一番自分にとって、ぴったりした木の形を見つけていくプロセスと、剣道で竹刀を振る時に「釣竿の先に石が付いているのを遠く飛ばすつもりで振りなさい」というのと、心というものを湖ではないもっとぴったりした比喩を見つけていくというのは、たぶん似たものだと思います。

絵を描くことで比喩を考える場合、僕の場合はまず図に置き換えます。上手くこの場で説明ができませんが、比喩というのは、突き詰めると幾何学図形のようなものだと思っているんです。

例えば、犬を描くという場合に、犬の骨格というのは絶対にありますね。どう猛な犬は、マズルが厚いんです。それはなぜかというと、顔の筋肉がしっかりしているからです。そして重たくなった頭を支えるために、背筋が発達します。そういう犬は速く走れないから足が短くなってしまう。そんな一つの流れがあるんです。つまり、どう猛な犬を形作るものの成り立ちに意味があって、それを絵として描く時には幾何学的な図形の比率として現れてくる。

マスティフという種類の犬がいます。僕から見ると、マスティフはどう猛さを最も表現しているけど、ドーベルマンはどう猛な形をあまりしてないんです。だから、どう猛な犬を絵にする時には、ドーベルマンではなく、マスティフを描くと思います。そういう意味では、ドーベルマンというのは理に適っていない犬なんですね。どう猛じゃなくて、怖い、すごく人工的な犬って感じがするんですよ。怖くて人工的なニュアンスを出したい時には、ドーベルマンがふさわしい。そんな風に考えて、犬の形を決めています。

キム　文平さんが、表情で会場を笑わせてくださるので、私は今とても危機感を感じ、焦っています（笑）。

お話をうかがいながら、私にも似たようなケースがあったと思いました。文平さんの本に、頭の中にあるイメージを表現して絵を描くページがあります。小説を書いていく時にもそれと同じようなプロセスが存在します。頭の中にある特定のイメージを文章に置き換えようとする時、一つ一つ分解するところから始めるんです。文平さんは幾何学的な図からスタートするとおっしゃいましたが、私の場合は建築的なものから始めます。小説の舞台は都市なのか、田舎なのか。建物は何階建なのか、事件が起きる場所はどんな部屋で、どんなインテリアデザインなのか。どちらの方角に向いているのか。こんなことを頭の中にはっきりと描いてこそ、いい物語が生まれるのだと考えます。文平さんが犬の例で話したように、具体的な形がきちんと浮かばなければいいものが作れません。いい比喩というものは、いい想像があってこそ生まれるものだと思います。

ところで、気になったのですが、多くの芸術家は猫好きですよね。でも、文平さんは、なぜ猫ではなく犬が好きなのでしょうか。

寄藤　僕は家で犬を飼っていたっていうことが、一つありますね。猫に咬まれた経験もあります。猫って聞くと、ちょっと嫌な気持ちになります（笑）。

キム　私は犬に咬まれたことがあります（笑）。

寄藤　そうですか（笑）。猫と犬なら、猫の方がお好きですか？

キム　はい、猫のほうが好きです。猫に引っかかれたこともありますが、犬に咬まれた時のほうが心の傷が大きかったんです（笑）。

寄藤　僕の場合は、子育て中の猫が茂みに家を作っていたんですよ。自分の犬の散歩中にたまたまその傍を通りかかっちゃったんです。そうしたらものすごい勢いで親猫が飛び出してきて、しかも僕の犬は即座によけちゃって。猫は、ガバッと足を咬んできました。それが強烈に痛い。襲いかかる猫が毛を逆立ててシューッという音を発して、ものすごく恐ろしかったですね。だから、ニャ〜とか鳴いて近づいてくるたびに、「こいつがあの音を出すのか」と思う時があります。

キム　表情と音でとてもリアルに再現していただき、ありがとうございます（笑）。

私がクリエイターによく聞く質問があります。いくら悩んでも新しい創造物が浮かばなくてもやもやしているとき、解決の糸口をどのようにして見つけていくのでしょうか。

寄藤　いくつもの方法があるので、一つだけを選ぶのは難しく、その時々で違います。

例えば、コンピュータが壊れて動かない時、あれこれいじっているうちに直ったということって結構あると思います。そういう感じに非常に近くて、アイディアが出なくて困った時に、色々やっているうちに突然アイディアが湧いてきて、「大丈夫かも知れない」と。でも、何でそうなったのかよくわからない。そういう感じですね。

キム でも、下手にいじったら電源も入らなくなってしまうこともありますよね？

寄藤 ありますね（笑）。僕の場合は、こじれていく時は、言葉がどんどん増えていくんですよ。上手くいってないことは棚上げされたまま、「なぜ」を問いかける言葉が大量に出てきます。上手くいってないのはたぶん自分のせいじゃなくて、別のシステムがあって解決しないいんだと考えて、その周辺のシステムを語る言葉が大量に自分の中に出てくるんですね。それはたぶん末期的な症状ですね。

キム 上手くいかない時は、自分ではなく他人のせいだと思えばいいんです（笑）。いつの間にか私が質問する側になってますね。

寄藤 まさにぼくが質問したいことよりも、ジュンヒョクさんの質問のほうがはるかに面白いです。こういうのは衝撃的ですね。

キム また質問したいことが出てきてしまいました（笑）。僕の場合は、新しいアイディアが文字の形で現れます。例えば小説のタイトルやフレーズなど、文章で浮かびます。文平さんは文章も書き、絵も描き、デザインもするので、色々な形でのインスピレーションがあると思います。まず頭に浮かぶものは、文字なのか、形なのか、色なのか。どんな形態で浮かんでくるのですか。

寄藤　これも難しいですね（笑）。どういう感じかでいうと、言葉にしづらいもので、形とか文字じゃなく。うーん。なんか難しいですね。漠然とそこにいる時の自分の「気分」みたいなものがまずありますね。うれしい、楽しい、悲しいみたいな雑なものじゃなく、もう少し……。ぴったりの言葉がないので、表すのが難しいですけど。

キム　じゃあ、絵に描いてみますか（笑）。

寄藤　ああ、絵で描くこともできますね。

今、頭の中に浮かんでいる絵としては、つぶつぶの粒子が集まった絵です。そこにある「気分」っていうのは一個一個の粒はシャープ、でも全体としては柔らかい。どういう感じかと聞かれても、うまく答えられないような形としてあるんですよね。

キム　なんか、僕がインタビュアーになったような気がしてきました（笑）。文平さんの本を読むと、宇宙に関する話がよく出てきます。例えば、はるか彼方の宇宙から地球を見ていたり、地球から宇宙を見上げていたり、そんな視線が感じられました。今話していたつぶつぶと全体の話は、夜の空に寝そべって星を眺めているような感覚に近いのではないかと思いました。

寄藤　そうですね。実際、夜空の感じに非常に近いですね。その夜空を見上げている「気分」みたいなものが先にある。

僕はジュンヒョクさんの小説には、その「気分」というものが強烈に描かれていると思いました。普通はたくさんの文章の中に少し上澄みのように感じられる形で描かれがちな「気分」が、すごくしっかりした手応えを持って伝わってくるんですね。びっくりしました。韓国語から日本語に翻訳されているので、ジュンヒョクさんのオリジナルの文体についてはよくわからないのですが、文章の連なりから全体が作り出す「気分」が素直に入ってきて、読み終わった後にもずっと消えないんです。アイディアがまず言葉となって生まれると聞いて、不思議な感じがしました。

キム　とても正確に表現してくださったと思います。私が文章を書く時に大切に考えていることにすごく近いです。

言葉の集合体が文章になるわけですが、いくつもの固まりが集まって小説になるという感覚があるんです。時々「これはカッコいいなあ」と思う文章が浮かぶことがあるのですが、カッコよすぎて脱落してしまうこともあるんです。文平さんがおっしゃったように厚みが均一にならない原因になってしまう場合には、削り取る作業をしていかなければならないこともあります。いい文章を読んだ時は、読み終えてすぐに「おいしい」と感じる方がいらっしゃるかもしれませんが、私は本を閉じてしばらくしてから「ああ、おいしかったなあ」と感じるような小説を書きたいんです。だから削り取る作業をしているのです。

何となく私がまた質問をしなければならないような気がしてきました（笑）。

寄藤　僕からも質問をしたいんですが（笑）。「絵」っていうのは、漫画と別だと思います。絵に人物を描いても、その人物にエモーションを与えるのは苦手なんですね。むしろエモーションを排除して、ある関係性のあり方によって「気分」みたいなものを伝えることはできないか。そういうふうに考えながら絵を描いています。

ジュンヒョクさんの小説は、人物像や感情の移り変わりがどこか冷めている気がします。主人公がそれぞれ観察者というか、当事者でありながら傍観者にもなっている。そういう主人公のあり方というものにとても惹かれました。キャラクターをどういうふうに考えて、書いているのか知りたいです。

キム　ついに答えるのが難しい質問が出ましたね（笑）。私も絵で描いて表現したいです。でも、絵が得意ではないので。

例えば、小説家は特定の人物をモデルに物語を書いていると考える人がたくさんいます。でも、私が小説家の人たちと話したところによると、少なくとも五〜六人の性格を合わせて一つのキャラクターを作っているのがほとんどです。絵を描くのと同じようなプロセスかもしれませんが、人に関する特徴をサンプルのように展示して、自分が必要とするタイプのものを集めて一つの容器に入れ、それを混ぜると新しい人物像が生まれてきます。目には見えませんが、私の頭の中には引き出しがあり、その中に集めたものを整理して入れておきます。だから、私はクリエイターのインスピレーションは、想像力ではなく観察力がベースになっているのではないかと考えています。

ところがこの観察力は複雑です。映画監督はスタッフとの共同作業ですが、小説家は音響、撮影監督、ロケハンなど、何役もこなさなければなりません。小説家は、資格、聴覚、触覚などすべての感覚を総動員して体に染み込ませて創り出していくという、苦しみが伴う職業です。だから、夜いつも眠らずに遅くまで仕事をしているのだと思います。

文平さんが書いた『数字のモノサシ』（＊3）をとても楽しく読みました。考えてみると、私は深夜に長時間作業をするのですが、費やした時間に比べると成果物はとても少ない。効率がとても悪いような気がします。デザインの場合は、どうですか。時間に比べて結果はどれくらいの割合で出てくるものなのでしょうか。

寄藤 自分が文章を書く場合は、たくさん書

＊3『数字のモノサシ』
「コップの水をもう半分しかないと思うか、まだ半分あると思うか」といった数量と気持ちのビミョーな関係に迫る。（寄藤文平著／大和書房）

いたものがだんだん削がれていくプロセス。それに比べてビジュアルなものっていうのは、削ぎ落すプロセスはあまりなく、積み重なりあって動いていく感覚です。

「こういう絵にしよう」という青写真があらかじめあるわけでなく、描きながら絵がなりたい絵になっていく感じです。一つの線を描いたところに「あ、これだったらこんなふうにできるんじゃないか」とか、「こういうふうな展開でここに形が入るんじゃないか」とか、絵が自動生成されていくプロセスです。一つのプロセスで一つのビジュアルなので、一度できたものを削るのは非常に難しい。一度完成しても僕が求めたものと全体像が違う場合は、もう一回最初からやっていきます。

キム　多くの作家は、「たくさん文章を書いてから、削ぎ落としたり、まとめたりする」と言いますが、私は自分が書いた文章を削ぎ落すことは決してしません。もったいなくて、できないんです。

文平さんの話を聞きながら、私の作業プロセスは絵を描く方法に似ていると感じました。頭の中にあるストーリーのイメージが浮かぶと、それを書きながら運動の方向性に従って動いていく。もちろん完成したものを少し修正することはありますが、全体の特徴を切り取ったりはしません。作品を書き終えた時にはスッキリして、いいものを作り終えた自負心を感じる一方で、すごく一生懸命書いたけれど、自分の中で認められない作品に仕上がってしまうこともあるんです。そのような場合には、僕も少しずつ変えていくことができず、最初から作業をすべてやり直すことになります。

私が作家としては少し珍しいタイプなのかもしれませんが、文平さんとはたくさん共通点がありますね。

寄藤　僕も、すごく考え方が似ていると思います。デザイナーとして自分自身に問いかけても、答えが出ないことがあります。

絵を描く際は、当初考えていたプランとはまったく違うものになった時のほうが、自分にとって解放感が大きいと思います。ところが、デザインの場合はあらかじめ設計をきちんとしていくことが重要で、思っていたものと仕上がったものがぴったり同じであることが大切です。同じビジュアルを扱う行為なのに、二つは相反しているんです。

キム　小説を書く時も似ています。まず、頭の中に「こういう物語を書いていけばいいんじゃないか」という、大きなストーリーが浮かびます。最初はお城や色々なビルがあるのですが、全部書き終わったあとに残っているのは、小さな藁葺き屋根の家が一軒だけだったりするんです。初めに頭に浮かんだ巨大なイメージと結果物との間にあるギャップを埋めていくのが小説家の任務だと考え、日々努力しています。

文平さんが描く時の作業と同じように、小説も最初から内容を組み立ててから書くと面白くないんですね。なぜなら、私自身がそのストーリーを既に知ってしまっているから。だから私は自分が知らない物語を自らに聞かせていくように小説を書いていきます。それが商業ベースの小説とそうでない小説の違いなのかもしれません。だから、先ほど文平さんが私の小説の主人公は傍観者のようでもあるとおっしゃったのは、おそらく私のそういったスタンスから来ているのではないかと思います。

寄藤　僕はカメラが好きで、「ライカ」というカメラに子どもの頃すごく憧れていました。非常に高いので、もちろん買うわけではなかったんですけど。仕方なく、ライカを絵に描いていたんです。

ライカはディテールがたくさんある。おそらくライカを作ったデザイナーが、考えているうちに見つけたのに違いないであろう形になっているのだと思いました。機能とデザインがせめぎあってライカができたのだ、と。一方でiPhoneはものすごくシンプルですよね。でも、僕にとっては、iPhoneを絵で描くのがすごく難しい。つるっとしていて描くところがないんです。ライカを見ると描きたくなりますが、iPhoneはそう思わないんです。ところが、デザイナーとしては、ライカよりもiPhoneのようなデザインこそよいデザインだと考えてしまう。それはものすごい分裂なんです。

小説にも、そういう分裂があるのでしょうか。

キム　小説を書き始める時には、いつも分裂を感じています。先ほど、「小説を書く時に一番大事なのは建築家のように空間を決めていくことだ」と言いましたが、さらに優先されるべきは、物語のトーンをどう決めていくかということです。ライカのようにするべきか、iPhoneのようにするべきか、または別のものにするべきか、選ばなければならない。でも、自分自身がまだストーリーをよくわかっていないので難しい。だから、物語をすべて書き終えてみて、「〝ライカ〟じゃなく、〝iPhone〟で書かなければならなかった」と気付くこともあるんです。

小説家にとってはライカもiPhoneも、そして世の中にあるすべての機械は自分にとって武器として使えるものになっていきます。物語を表現するツールとして、そういった器具は多ければ多いほどいいと考えています。

ただ、スタイルとしても武器としても、本能的に最も僕にフィットしているのはiPhoneだと思います。

寄藤　今のお話の中で「トーン」という言葉がありました。ライカのようなディテールを持ったものを絵に描きたいという気持ちに対して、デザイナーとしてはiPhoneのようにより洗練されてシンプルなものを求めたいと思うこと。それを分裂しているのではなく、それぞれのトーンの違いだ、と。なるほど、という気がしました。トーンという単語は音楽的な単語ですが、音で考えていくこともあるのでしょうか。

キム　はい、音で考えることも多いですね。私が『楽器たちの図書館』（＊4）という本を書いた理由も、私がよく知らない物語を私の知らない方式で書いてみたいという思いに通じるのですが、音楽は目に見えるものでもなく、文章にするのも絵で描くことも難しい現象なので、だからこそ音楽について書きたいと思ったのです。

　また、私は小説の中で特定の商品名は出しません。例えばiPhoneという単語は使いません。iPhoneと書けば誰もがすぐにイメージできますが、それよりも「四角い器具で丸いホームボタンがある」というディテールを表現したほうが、より想像が膨らみます。

　私が書きたいのは、実際にあるものを想像させる小説ではなく、想像させてから実際にあるものを感じ取っていく小説なのです。

寄藤　とても興味深いお話ですね。iPhoneという単語を使うと、みんながわかる代わりにiPhone っていうもののトーンが消えてしまうということですね。

キム　だから私は小説を書きながら限界を感じる中で、最高の芸術は音楽だと思うようになったんです。目に見えない質感を創り出してそれを人に与えて感動させる音楽は、最高の芸術だ、と。これは決して成し遂げることはできないと思いますが、一つの音楽のように質感だけが手ごたえとして残り、文字が消えて失われていく、そんな小説を書いてみたいです。

寄藤　僕にとってはジュンヒョクさんの作品は、もう既にそういう小説です。だから、「このくだりはどうですか?」とかそういう質問は全くできないですね。読み終わった感じとして、今、おっしゃっていただいたような音だけがあるので、部分的に取り出して話をするのは難しいなと思っていました。

キム　私の小説を読んでくださった方の中には、文平さんのような感想を持つ方もいらっしゃれば、「これで終わり?」と言う方もいます。そういう方の立場も十分理解していますが、私は文平さんのような読者を愛さずにはいられません（笑）。

芸術家やクリエイターは、自分だけが目指している究極の目標があると思います。文平さんはいかがですか。

寄藤　そうですね……。小っちゃな粒子になりたいっていう感覚はあります。ほこりがめちゃくちゃ舞っている時、逆光でほこりが見えますよね。あの感じいいなと思います。

キム　インターネットで、生年月日

＊4『楽器たちの図書館』
作者から読者に贈る録音テープをコンセプトに、ピアノやＤＪプレイなど音楽にまつわる８つの物語を集めた短編集。（キム・ジュンヒョク著　波田野節子・吉原育子訳／クオン）

を入れると自分の前世を占ってくれるサイトがあります。私の前世は、インディアンが住む村のほこりだったそうです（笑）。

寄藤　じゃあ、通じるってことですね（笑）。

キム　自分が前世でキラキラとした光を浴びたほこりとなってインディアンの村を舞っている姿を想像したら、とてもうれしくなりました。来世は、たぶん宇宙のほこりになって生まれると思います。

寄藤　いいですね。できれば、酸素があるところがいい。

キム　でも、粒子には酸素は必要ないのでは？

寄藤　それでも酸素が欲しいです（笑）。

ほこりだったというのは、羨ましいですね。来世には本当にほこりになりたいです。インディアン村のほこりは、素晴らしいですね。

キム　私はそのサイトを作った人が本当に素晴らしいと思います。どうやったら人の前世をほこりと規定できるのか。その想像力に驚きました。

寄藤　そうですね。しかもインディアン村のほこりですからね。

キム　そのウェブサイトがとても気に入って、生まれ変わったらどんな人生になるのかというテーマで小説を書こうかと思ったこともありました。夜に思いついたことのほとんどが消えてしまうように、翌朝そのアイディアは消え去っていきました（笑）。

寄藤　生まれ変わってほこりだった時に、どうするかですよね（笑）。

キム　ほこりは考えがないので、あちこち粒子としてさまよいながら、宇宙に吸い込まれていくんじゃないかと思います。実は、次に書こうとしている小説が宇宙の物語なので、宇宙に今とても関心があるんです。ところが構想を練っている最中に『インターステラー』や、『ゼロ・グラビティ』など壮大なスケールの映画が続々と公開されて、プレッシャーで押しつぶされそうです（笑）。でも、色々想像するのが楽しくて、宇宙から地球を見たらどんな風景なのかというのをよく考えています。

NASAの職員と小説家の仕事は、似ています。「宇宙を観測したり探検したりするのは、人間にとって何の得にもならない。そんなところにお金を使うのは無駄だ」と言う人もいます。だけど私は宇宙探査こそ人間の本性であり、崇高な部分だと思うんです。例えば宇宙探査や宇宙開発の過程の中で掃除機が生まれてきたように、小説を書くことも時には無駄なことに思えても、読んでいる人たちに新しい想像を呼び起こす。そんなところが共通していると思います。

寄藤　なるほど。そうすると、デザイナーはどういう仕事に見えるんですか。

キム　実は、私はデザイナーになるのが子どもの時からの夢だったので、すごく関心を持っています。私たちが平面として見ている世の中を反対側から見せたり、立体として見せたりしてくれるのがデザイナーの仕事だと思います。クオリティーの低い3D映画は頭がくらくらしたりしますが、良質の3D映画は現実をより大きく体験させてくれます。作家なので、比喩が癖になっていて、すぐに何かに例えてしまい、すみません（笑）。

寄藤　僕も自分の思考回路の八割がたは比喩だと思いますね。比喩を使わずにしゃべってくださいと言われると、何も話せません（笑）。

僕は宇宙を想像するときに、動的なものを思い浮かべます。想像するのはスケールが大きくて難しいけれど、YouTubeですごくいいものを見つけました。そのCG動画では、一〇〇倍速くらいで地球が太陽系の周りを回り、地球の周りを月が回り、その全体が宇宙空間をものすごい速度で直進していくんです。そうすると、地球って、すごくきれいならせん軌道を描いて空間を進んでいるんだってことがよくわかるんですよ。

キム　私も宇宙について似た印象を持っています。ボイジャー計画で宇宙に送られた無人惑星探査機が地球の写真を撮り、地球を外側から見せてくれました。人間は静的な存在に見えるかもしれませんが、実はすごく動的なものだということを絶えず考えさせてくれるのが宇宙の力なのではないかと思います。

宇宙から戻った宇宙飛行士たちの中には、宗教にはまる人も多いと聞きました。その理由は、動的な人の人生を地球の外から見ることによって、まるで神になったような感覚を得るからだと言われています。私はそんな宇宙について考えると、めまいを感じます。

ところで、私たちはなぜここで宇宙の話をしているのでしょうか？

寄藤　わかりません。

（――ここで会場から四つ質問を受けることに）

観客①　先ほどキムさんは、イメージは文字で浮かんでくるとおっしゃいました。キムさんはイラストも描かれますが、そのイラストのイメージも文字なんでしょうか。

キム　私がイラストレーターとして語るには、あまりにすごい方を前にしているので難しいのですね（笑）。やはり私は小説家なので、文字で浮かぶことが多いです。落書きをする時も、絵を描く時も、何かを創りたいと思う時は、九十パーセント以上文字で思い浮かべます。子どもの頃から落書きが好きだったのですが、文字がだんだん絵になっていき、物語になっていくことがよくありました。

観客②　寄藤文平さんの大ファンです。『ウンコココロ』（＊5）が出版されたときに韓国に留学していて、韓国の本屋さんで『ウンコココロ』を読んで、周りの人が見ていないか気にしながら大爆笑してしまった思い出があります。今後韓国でやりたいこと、韓国の方とやってみたいことはありますか。

寄藤　僕は韓国に一度も行ったことがないので、ほとんど未知の領域ですね。まず韓国で何かするかというと、ジュンヒョクさんと何をするかということから……。

キム　私はやりたいことがたくさんあります（笑）。

寄藤　ぜひよろしくお願いします（笑）。

できたら一度ジュンヒョクさんの文章に挿絵を描いてみたいです。僕自身は説明的な図的なものを描くことを一般的にやっているけれど、自分が本当に好きで描く絵は音楽を表すにはたぶん向いていると思います。それは外に出したことがほとんどない種類の表現の作り方です。ジュンヒョクさんの文を読みながら、僕はかなりぴったりした挿絵が描けるんじゃないかっていう気がしました。

キム　このトークは録音されています（笑）。録音ファイルを韓国の出版社に送りたいと思います。

寄藤　ぜひお願いします（笑）。

＊5『ウンココロ』 副題は「しあわせウンコ生活のススメ」。ウンコと体の関係をユーモラスに解説している楽しい名著。（寄藤文平・藤田紘一郎著／実業之日本社）

観客③　キムさんの小説を読むと、不思議と主人公がキムさん自身に重なって見えます。キャラクターを作る時には五〜六人の人物を混ぜ合わせるとお話しされていましたが、その中の一人にもしかしてキムさん自身がほんの少し入っているのではないでしょうか。それとも、ご自身は観察者の立場で書いているのでしょうか。

キム　「人物画は、描いた人の顔に似ているところがある」とよく言います。特に『楽器たちの図書館』の場合は、男性主人公に私の好みや世界観が大きく投影されているのではないかと聞かれました。もちろんそういう部分もあったと思います。作品を書くときは、自分自身を自然に投影できればと願いながら書いています。その後二作を出版しましたが、最新作はとても遠い所から書いているという感覚があります。そのような意味で新作も合わせて読んでいただきたいですねと、日本の出版社にもお伝えしたいです（笑）。

観客④　お二人とも雰囲気を残すようなものを作りたいとおっしゃっていましたが、言葉の力は強いので、言葉にするとやはり雰囲気がその言葉にシュッと吸い込まれて固い言葉になってしまうような感じがします。小説を書く上で言葉を紡ぐことと雰囲気を残すことは、ある意味矛盾で衝突しているような気がしますが、どのようになさっているのですか。

キム　例えば戯曲の場合は人物の感情の状態がト書きで表現されています。「とても驚いて」

とか「怒った声で」とか書かれていますよね。でも、小説の場合、感情の状態は読者が想像しながら読みます。「一体どうしたの」という文章があったとすると、イラッとしたトーンなのか、大声で怒っているトーンなのか、読者によって変わってくるのです。だから私も感情を書く時は、ト書きのように書くよりも、少し離れた場所から色々な感じ方ができるように書いています。文章を書くジャンルの中で戯曲や詩に比べて、小説では、質問者がおっしゃったような矛盾や衝突は生じないほうだと思います。いろいろな表現ができるから、私は小説が好きなんです。

寄藤　今日はありがとうございました。次回ソウルの対談では、質問魔になって、矢継ぎ早に質問をしたいと思います（笑）。

キム　次回の進行役は私なので、それを許さないと思います（笑）。今日はあっという間に時間が経ってしまい、大臀筋の話ができず残念でした。次回はその話もぜひしてみたいです。

寄藤文平からキム・ジュンヒョクへの手紙

キム・ジュンヒョクさま

はじめまして、寄藤文平と申します。
お会いしたことがなく、しかし、その作品に触れたことがあって、それでいて、だからこそ、その距離をより遠くに感じる方に手紙を書くというのは、なんだか奇妙なものです。あまり経験したことのない、霞のかかったような緊張感があります。

僕は今、『SUITS』という弁護士のドラマを流しながらこの文章を書いています。デザイン作業の最中に、テレビやタブレットで海外のテレビドラマを流しておくのが僕の習慣なのです。この簡潔な名前のアメリカドラマが良いのは、出てくる女性が適当に庶民的で、ちょっとエロい格好をしているところです。文章を書きながら目をあげると、ちょうど衣装がぴったり張り付いた尻が目に入ってきました。この女優は骨盤が大きく、大臀筋がかなり発達しています。キューバのバレーボール選手や、ブラジルのサンバカーニバルの映像の中に、信じられない臀筋の持ち主が映ることがありますね。それと似た印象の尻です。丸く隆起しているけれど、柔らかくないというか、強い尻といった印象です。

クオンのキムさんからは、何か質問をするようにという要請があったのですが、尻を見ながら浮かぶ質問といえば、大臀筋という骨盤に張り付いた筋肉が、なぜ男の欲情の対象になるのかといった程度のものです。

正直に言いますと、僕はジュンヒョクさんのことを何も知らないのです。一応、資料めいたものは渡されたのですが、そういう「資料」に向かって手紙を書くわけにもいきません。『楽器たちの図書館』の装丁を考える時に、第一話のピアノの話だけを読みました。その時、「なんだか、とてもいい感じがした」ということが、僕にとってのジュンヒョクさんの全部です。『楽器たちの図書館』は、今、家に帰った時に、トイレでウンコをしたり、床に転がって枕を脇に挟んだりしながら読んでいます。今、ようやく第四話まで読みました。最初は、全部読んでから練りに練った質問をしなければいけないような気がしていました。しかし、読んでいるうちに、そうやって質問を作り出すことの全体がバカバカしいような気がしてきました。そして、それと同時に、そのような自分の気持ちの変化そのものに、ジュンヒョクさんの小説のメッセージを発見したように思いました。

「日本と韓国の交流」という大掛かりな目的の前で、自分でも気づかないうちに肩に力が入っていたようです。日本とか韓国とか、そんな区分けなど関係なく、それぞれ別の環境と文脈の中で生きてきた人が、率直にお互いの話をすればいいではないかと、頭では考えていました。ところが、それと同じ頭で、練りに練った質問をしなければいけないと考えていたわけですから、頭というのはままならないものですね。

『楽器たちの図書館』を読んでいると、気分が楽になります。楽しいことが描かれている物語でなくても、読んでいると、なんとなく朗らかな気持ちになります。それは現実から逃避するとか、興奮が沈静化するといったものではありません。うまく言えませんが、「自分という存在が、おおむね正しい位置にある」という直感のようなものです。その直感は、読んでいる文章と関係のないところに生まれて、読み終わっても続くのです。

そんなわけで、そういう直感に従ってお手紙させていただくことにしました。意味不明な手紙ですけれど、いわば僕なりの『楽器たちの図書館』の感想文です。

お会いできる時を、ちょっと緊張しつつ楽しみにしております。

道中、お気をつけくださいませ。

二〇一五年十二月
寄藤文平

キム・ジュンヒョクから寄藤文平への手紙

寄藤文平さんへ

アンニョンハセヨ。キム・ジュンヒョクと申します。

送っていただいたメールを開く直前まで、私はテレビでNBA（北米の男子プロバスケットボールリーグ）の試合を見ていました。開幕戦から二十一連勝か二十二連勝の新記録を達成しているゴールデンステート・ウォリアーズというチームのゲームです。執筆も読書もしない時には、テレビの音をオフにしてスポーツの試合を見ることが多いのです。解説も聞こえず、観客の歓声も聞こえないゲームは、まるで何匹ものアリたちが餌を運びながらあわただしく動いているようにも見えます。

私は小説を書き、エッセイを書き、テレビに出て話したりもしますが、（寄藤文平さんのような専門家の前で申し上げるのはきまりが悪いのですが）絵も描いています。週刊誌に漫画を描き、本の仕事をすることもあります。絵を描く時は、私もテレビをつけたり、ラジオを聴いたりします。音を聴きながら線を引くのは、とても楽しいです。何も考えずにひたすら線を引く人のみが存在している。そんな気分です。

クオンから出版された『楽器たちの図書館』の表紙を見た瞬間、「ああ、美しい」と思わず声に出して言いました。ただヴァイオリンが描かれていただけなのに、なぜ美しいと言ったのか。ヴァイオリンの色がとてもきれいだったこともありますが、ヴァイオリンがヴァイオリンらしく見え、私に話しかけているような気がしたからです。まるでヴァイオリンが生きているようでした。寄藤さんが装丁を手がけたクオンの表紙のほぼすべてから同じ印象を受けました。寄藤さんが私の小説について「自分という存在が、おおむね正しい位置にある」と直感したとメールに書いていましたが、私が見た寄藤さんの作品も、やはりその物体があるべき位置を正しく表現しているという印象を受けました。

私は寄藤さんの作品を二冊読みました。『ラクガキ・マスター』と『数字のモノサシ』です。想像力とは果たしてどんなものなのか、考えてみました。想像することは、広げることだと思います。物体があるべき位置を広げ、私たちが立っている仮想の土地を広げるということ。今も地球上には物理的な土地を広げるために、戦争を繰り広げている国がたくさんあります。本当に21世紀なのか、疑問に思えてきます。その一方で、多くの芸術家が見えない仮想の土地を広げるため、想像を続けています。とても小さな空間の隙間や、無限の宇宙の広さを想像しています。『数字のモノサシ』の冒頭部分にあった、数字の単位を説明するために宇宙まで伸びていく絵は圧巻でした。芸術家たちが作った想像の空間には、高層ビルを建てることも、不動産投資で金を稼ぐこともできませんが、互いの空間に招待をすることは可能でしょう。私も寄藤さんのことをなにも知りませんが、作品を読んだためか、すでによく知っているような気もします。もうすぐお会いするのを楽しみにしています。

気になるかと思いお知らせしますが、ゴールデンステート・ウォリアーズの連勝はストップし、二十四連勝で終わりました。歴代最高記録は一九七一−一九七二シーズンにロサンゼルス・レイカーズが打ち立てた三十三連勝です。ゴールデンステート・ウォリアーズのファンとして、連勝がストップしたのは残念でもあり、すっきりした気持ちでもあります。記録への挑戦は早めに挫折したほうがいいと思います。これからは記録を破ることができるかもしれないというプレッシャーなしに、試合をすることができることでしょう。

追伸

「大臀筋という骨盤に張り付いた筋肉が、なぜ男の欲情の対象になるのか」という質問は、私も非常に興味津々です。それについては、お会いした時に詳しく語り合いましょう。今、インターネットで『SUITS』の第一話をダウンロードしました。

二〇一五年十二月

キム・ジュンヒョクより

第２幕

前回のトークから６か月のインターバルをおくも、
お２人の絶妙な“あうんの呼吸”は健在。
弘大にあるブックカフェでの週末開催という
こともあり、会場はとても寛いだムード。
トーク開催前から笑いに溢れ、
柔らかな空気に満ちていました。

キム・ジュンヒョク（以下、キム） 最初に、東京で開催された対談について少しお話したいと思います。前回は寄藤文平さんが司会をし、私に質問を投げかけてくれました。今日は私が司会を務め、質問をしたいと思います。韓国には文平さんのファンがたくさんいると聞いています。みなさんも聞いてみたいことがいっぱいあることでしょう。私の質問とみなさんで一緒に質問をしながらトークを進めていければと思います。

文平さんは韓国にいらっしゃったのが今回初めてです。初めて来た人に必ず聞きたくなる質問ってありますよね。そういうおきまりのことは聞きません（笑）。まずは、韓国に初めて来た印象と、昨日到着して麻浦《マポ》で豚カルビを食べた感想を教えてください。

寄藤文平（以下、寄藤） はじめまして。寄藤文平と申します。僕は初めて韓国に来ました。空港から車でソウル市内に来ましたが、前に一度来たことがある場所のような、そういう印象をすごく強く持ちました。空間を移動して来たというより、時間が別の場所へぐっとずれたような。何か自分が前にどこかで見たことがあったり、聞いたことがあったりする街に紛れ込んでいく印象を持ちました。言い方は難しいんですけど「懐かしい場所に来た」というのが僕の第一印象でした。

キム では、前回日本の対談の時に出た、鋭い感想の話から始めたいと思います。質問の時間に会場にいらしていた方が手を上げて「二人ともすごくいい写真をプロフィール用に選びましたね」と（笑）。すごく当惑しました。普通、実物と写真は異なるものです。とても鋭い感想だったと思います。

文平さんが韓国に来て「見たことがあるような街」という印象を受けたとおっしゃいましたが、私たち二人もどこかであったことがあるようなおじさんたちです。とてもありふれた顔をしています。近所のおじさんたちの会話を聞くような気持ちで聞いていただければと思います。

文平さんの本は韓国で何冊か出版されています。私はそのほとんどを読みましたが、中でも『ラクガキ・マスター』（＊1）が大好きです。絵についての辞書みたいな存在です。この会場でも売っています。——なんて言うと、本を売りに来たみたいですね（笑）。まずは、この本の紹介からお願いします。

寄藤　『ラクガキ・マスター』は初めて絵を描く人のための本です。絵を描くというのは非常にハードルの高いことだと思われていますし、実際、線を繋いである絵柄を作るというのは、文字を書くよりは少し違った頭の使い方が必要なので、その頭の使い方はどういうものなのかを一つ一つ解説した本だと言えると思います。

＊1『ラクガキ・マスター』　著者が創作活動の中で体得した、ここさえ押さえておけば大丈夫というイラストを描くツボを実例満載で紹介。「読み終わると絵を描きたくなっていた」という声も多い。（寄藤文平著／美術出版社）

絵を描く時に、例えば棒の上にモコモコしたものを描くと木に見えるわけです。逆に言うと、木を絵にしようと思うと、「直線的な円柱とモコモコ」というふうに自分の目が見るんです。木を自分で解釈しないと描けないんですね。つまり、絵を描くということとモノをどのように見ているのかということは、ほとんど同じだと言えるんです。その辺のことまで踏み込んだ内容になっています。

キム　私もイラストを少し描いています。自慢しているわけではなく、ただ絵を描くことがあるという意味です（笑）。単刀直入におうかがいしたいのですが、どうやったら上手に描けるのでしょうか。

寄藤　これはものすごく耳障りのいい答えを言うこともできるし、一番現実的な答えを言うこともできると思います。一つ目はまず、何でもいいから描いてみること。絵が上手くなりたかったら一番好きなものをよく見て、それを描くというのが近道だと思います。現実的な答えの方は、絵が上手くなりたければ、少なくとも一万時間、あらゆる図法で訓練を積むべきだと思います。

キム　聞いて損しました（笑）。『ラクガキ・マスター』を読みながら、私の小説やエッセイの読者によく言われることと似た感想を持ちました。私のエッセイを読んだ方からは「これは僕でも書ける」と言われます（笑）。私の小説も同じ。私の小説を読むと「小説を書きたい」「文章を書きたい」と思うそうです。私も『ラクガキ・マスター』を読んでいると、イラストを描きたくなります。そんなところが似ていると思いました。『ラクガキ・マスター』は、入門者にいいきっかけを与える本であると同時に、深いことが書かれている本だと思います。

ところで、あとがきには「エロチックでグロテスクな絵を描きたかったのに、本に載らなかった」と書かれています。カットされたのはどんな絵だったのでしょう。そして、文平さんが考える「エロチック」とは？

寄藤 最もされたくない質問ですね（笑）。絵で紹介できないということは、話もなかなかしづらい内容だということですけど。

いくつか片鱗だけ解説すると、グロテスクな絵というのは、僕は内臓の絵がわりと好きなんですよね。たぶんこれ、聞いたらみんな引くと思います（笑）。だからあんまり言いにくいかな、と。エロチックということと内臓までわかるということが、わりとワンセットになっているんですよ。非常に変態チックな話だったので、本に載っていなかったんです。大丈夫？（笑）。

キム 内臓のお話をされましたが、『ラクガキ・マスター』には人の体や臓器についての話がたくさん登場します。でも、そのイラストがとてもかわいいんです。かわいいと言うと少し変に聞こえるかもしれませんが……。私がこの話を続けると文平さんと同類になってしまうような気がしますが（笑）。とにかく美しいんです。ディテールが美しい文平さんの人体のイラストが私は大好きなので、「エロチック」とは一体どんなものなのか気になり、質問させていただきました。

絵を見ればその人がどんな人なのかわかると思いますか？　おそらく多くの人たちの絵をご覧になっているでしょうが、絵とそれを描く人の品格について、ご自身の経験から感じていることを教えてください。

寄藤　絵を見ると、かなりの部分まではわかると思います。それから描き方の順番でもよくわかります。

例えばグラスがあるとして、グラス全体を描いていきながら、最後にディテールまで順番に描く人。一方で、ディテールをずっとスキャンするように上から下まで描いていくタイプの人もいます。全体から見ていく人は大体の場合、言葉がそこまで上手く出てこないし、少し物事を逡巡して話す傾向があります。逆にディテールから見ていく人は、物凄く論理的で怒涛のように言葉が出てくる人が多いと思います。ただ、会ってすごく気分が良かったり、全体の印象をきちんと捉えているのは、全体で見ている人だったりします。

ジュンヒョクさんの絵の中に、ＣＤプレーヤーを描いたものがあります。そのジャックの構造をきちんと絵に描いてあるのを見て、スキャンする目を持っている人だと感じました。だから、言葉がたくさん出てくるタイプのモノの見方をしているんだな、とまずわかりました。一方で、線と線をきちんと繋がないで少しずつ切るようにして描いていましたので、かっちり固まりすぎて形として説明がつきすぎるということに対して違和感を持ってらっしゃるということも、同時に感じました。ディテールでモノを見ているけれど、それによって全体が説明されることに対しては少し違和感を持っているので、全体としてもう一回見直すと言うプロセスで物事を考えてらっしゃるんじゃないかと僕はその絵で感じたんです。

キム　文平さんは、ソウルで占い師としても活躍できそうですね（笑）。「話すのは上手くないけれど、好感が持てる人だ」ということですね。私の小説について「何か一つ抜けているように見えて、妙にゆるい」という人も多いのですが、その理由がわかりました。今日は大きなことを悟りました（笑）。

日本では、創作について話しました。創作のための習慣や秘密。その話を韓国のみなさんにも少しご紹介したいと思います。

とても深い感銘を受けたのは文平さんの事務所に行った時に読書カード（＊2）を見せてくださったことです。本を一冊読むたびに、内容をまとめ、イラストも描き、メモをつけながら、章ごとに整理したカードです。驚きましたね。もともと字も絵も上手なので、カードがきれいなんです。欲しくなって、「これをこのまま本にしても面白そうだ」と思うぐらいでした。

その時、文平さん独自の方法で、アイディアを思い出したりテキストを再解釈したりする方法があるとうかがいました。その方法について語っていただけますか？　また、本を読んだり映画を見たり、色々な経験をアイディアとして具体化するためのノウハウがあれば教えてください。

寄藤　うーん、難しい質問だと思います。僕は先ほどの絵の例で言うと、上から下まで本当に全部完璧にスキャンして描ききってしまうやり方をしています。勉強法でも同じで、一冊の本を小さなカードにして一個ずつ、一行ずつそこに書いてある内容を把握するということを、僕は読書としてやっています。ただそのプロセスからモノが生まれるかというと、必ずしもそうではないんですね。たくさんスキャンして並べたもの全体をバーッと眺めている瞬間に、その

＊2　読書カード

寄藤文平のテーマカラーともいえる黄色とオレンジで縁取られたカードに書かれた読書メモ。きれいに分類されている。小説のほか自然科学系やノンフィクションも多いという。

全体像の中に急にシュッと形が出てくるようなところがあります。その瞬間、僕の頭とか体に何が起こっているのか。かなり観察してみたけれど正確に捉えられたことがありません。

キム それが何なのか悟ったら、内容を本として出版する予定はありませんか?

寄藤 たぶん悟るのは非常に難しいと思います。でも、もし悟れたら、ぜひ本にまとめてみたいと思います。

キム 期待しています。私にも小説を書く過程について尋ねる人がたくさんいますが、やはり「よくわからない」と答えています。本当にわからないというのもありますが、言葉で説明するのが簡単ではないから、そんな返事をしているのかもしれません。

東京メトロの「マナーキャンペーン」(*3)を見た時は、すごく面白いと感じると同時に、びっくりしました。何かを禁止するキャンペーンの場合は、「〜をしないでください」と言うのが普通です。でも、この「マナーキャンペーン」は、ヘッドフォンをして大音量で音楽を聴いている人に「家でやろう。」と。やってはいけない行動ではなく、場所が間違っていると伝えるのです。そこにはすごく多くのことが盛り込まれていると私は思いました。

文平さんは何かを創作する際に、創作物には最小限の倫理意識がなければならないと考えていらっしゃるように思えます。「倫理意識」という言葉は少し曖昧ですが。何かを生み出す時の考え方について、少し聞いてみたいです。

寄藤　「倫理」というとかなり難しくて大きな話になってしまうと思いますが、デザインが仕事ですので、「AとBの間にいるα」みたいなポジションで僕はいつも仕事をしています。αというのは、必ずAとBの両者を繋ぐポジションです。そうすると、AとBの間にギャップがある時に、ギャップをもっと開く働きをするか、もっと縮めていく働きをするかというふうに、大きく二つに分けることができると思います。

広告の仕事ですと、「Aの商品はBの商品より優れている」とギャップを大きくする方に向かって考えを進めることが非常に多いです。一方で、東京メトロのキャンペーンの仕事の場合は、「マナーを守る人とマナーを守らない人のA、Bがあるとしたら、そのギャップをどうやったら縮められるか」という形で考えました。

＊3　東京メトロの「マナーキャンペーン」
地下鉄でのマナーを「〜してはいけません」ではなく「家でやろう。」「山でやろう。」と表現。ユーモア溢れるイラストとキャッチコピーが大変話題に。（画像提供／メトロ文化財団）

基本的に僕は、「ギャップが開いているものをどうやったら閉じられるか」ということに自分のデザインの意義を感じます。それがデザイナーにとって一番大切な仕事に対する姿勢だと思います。

キム　なるほど。仕事の姿勢でもう一つ聞いてみたいのが、どんな仕事をしてどんな仕事をしないのかについての基準です。私も長い間作家として活動していますが、仕事のオファーをすべて受けることはできません。どのように仕事を選択しているのか、基準を教えてください。

寄藤　一つは頼んでくれた人との関係性が大きいですね。もう一つは仕事の内容というか、その仕事が達成しなければいけないミッションの内容、目的に対して自分が共感しているかどうか。その二つが大きな基準だと思います。三つ目は、自分がちょっと疲れてないかということ。もしかしたら、それが一番かなと思います。

キム　はい。三つ目は私も共感します。午前十一時に仕事の依頼が来たら、おそらくほとんど断ります（笑）。とても疲れているので。でも、午後四時ぐらいに連絡が来たら、オファーを受ける確率が高いです。特に可能性が高いのは午後六時から七時の間。もし私に仕事を依頼する場合は、考慮していただければと思います（笑）。

話の流れでうかがいますが、おカネはあまり重要ではないですか？　ギャラが多いとか、少ないとかについては？

寄藤　そうですね。おカネのことはあまり考えなかったですね（笑）。いや、おカネ、大事です。でもおカネの大きさというのは、僕の経験ではおカネがある仕事ほど、その目的はそんなにたいしたことではなく。おカネがない仕事ほど、その目的に共感することが多いですね。

キム　私もそうだと思います。目的に共感でき、おカネもたくさんもらえれば最高ですが、そのようなケースはあまり多くありません（笑）。文平さんがおっしゃった人間関係、内容、疲労の程度が大事なのはもちろんですが、その背後にはおカネの問題が少し隠れています。私が仕事を選ぶ基準も、文平さんと似ていますね。

ところで、前回の対談で私たちが最後に到達したテーマが「宇宙」でした（笑）。「粒子になりたい」「ほこりになりたい」こんな話をしました。最近は、どんなテーマに関心を持っていますか。やはり変わらず宇宙を眺めていらっしゃるのでしょうか。昨日のソウルの空はご覧になりましたか。

寄藤　ソウルの空を見る間もなく寝てしまいました（笑）。僕はいつもたくさんのことに関心があるように見えて、その関心がまとまりを持たないんですね。ちょっと宇宙への関心は今終わっています。

僕は今、ある意味、宇宙の逆側というか、「原風景」に関心を持っています。自分が生まれ育った時の経験が、結構長い時間が経つと溶け合ったようになって、自分の中にある独特の「原風景」になるような気がします。その「原風景」と接続しているアイディアと、接続してないアイディアが二つにはっきり分かれるということを、僕はすごく強く感じるようになりました。

東京メトロのポスターを作っている時は、はっきりと自分の「原風景」と接続しているのを強く感じていました。そういう時は、おカネとかそういうことはどうでも良くなって、もはやポスターになるかどうかもどうでも良くなって。ある平面を作っていくことにものすごく熱中した状態になります。

どんな「原風景」と結びついていったかというと、例えば僕の父親は「消しゴムを忘れた人には、消しゴムを貸しなさい」という人でした。ところが学校に行くと、「消しゴムを忘れた子に消しゴムを貸してはならない」というんです。「消しゴムは貸すべきだ」と思った当時の僕のもやもやしたものが、一つの「原風景」の要素になったと考えられます。

そんな「原風景」とポスターのアイディアが強く結びついたんだと、僕はすごく強く感じました。そういう時はびっくりするほどのエネルギーが出ますし、そうやって作られたものは、どういう訳か多くの人に強く共感をしてもらえるような気がしています。

キム　「原風景」という言葉は初めて聞きましたが、とても心に響きました。「原風景」の独占使用権を私にくださったら、韓国に広めますが、いかがでしょう。皆さんが使ってはいけません。私のものです（笑）。

私も仕事を受けるかどうか決める時、文平さんがおっしゃった「原風景」に基づいて考えることがよくあります。なぜかわからないけれど本当にやりたい仕事というのがありますが、きっと文平さんと同じ気持ちなのだと思います。

気になっていることがあります。私は日本を何度も訪れ、大好きな部分も、何というか、気に入らない部分もあります。文平さんは、最近日本でどのような変化が起きていると考えますか。好きな変化、嫌いな変化について教えてください。

寄藤　僕はどちらかと言うと、好きな変化よりは悪い変化の方に目を向けているので、好きな変化はなかなか見つけにくいです。パッと浮かばないですね。悪い変化としては、常にイライラしている感じが年々強くなっているような気がします。

最近だと、東京都知事が辞任しました。メディアがものすごくヒートアップして、とにかく辞任しないと終わらない状態を作り出すんですね。誰一人それを止める術のない巨大なエネルギーが大きくなって、知事としてやったこと自体は、冷静に見れば歴代の都知事の中でもかなりきちんとした仕事をしたほうだと思いますけど、そういうことはまったく議論の俎上には乗りませんでした。公共のお金で自分のどうでもいい本を買ったとか。人柄として信用がならないとか、そういったことが理由で首長が辞任をしたという、最近のニュースがあります。僕はこれは悪い変化で、原因になっているのは「強烈なイライラ」をたくさんの人が抱えていることだと感じています。

先ほど「α」の話をしましたが、今ネットやスマートフォンで誰もが「α」のポジションになれるようになっていますね。みんながそのギャップをより強くする方に向かってメディアを使っているのは、すごく問題だと思います。みんながギャップをもっと作れ、もっと作れとやると、どんな者でも悪者にできる。僕はそういう変化、そういう人達のことは好きじゃないですね。そういう人が増えていることに、ものすごく嫌な気持ちを持っています。

キム 韓国でもほぼ同じです。最近のヘイトや差別の問題は同じ流れだと思います。AとBの間の距離を縮める役割を芸術が担うことができればいいのですが、ほとんどのケースではそれが実現できていません。私にも思うところがたくさんあります。

もう一つ聞いてみたいことがあります。観客の方から「イラストやデザインを仕事にするにあたり、大学を含めた専攻はどれくらい影響すると思いますか？ 韓国では専攻していないと無視される場合が多いので、日本の場合はどうなのか、また文平さんの考えもうかがいたいです」という質問です。

寄藤 僕は視覚伝達デザイン学科でヴィジュアルコミュニケーションデザインを勉強しました。ただ、視覚伝達デザインという概念そのものが、実は専攻できないんですね。あまりにも範囲が広すぎて専門領域として成立していないんです。だから、それを専攻したという人がいたら、僕は嘘だと思います。僕の仕事自体は確かにヴィジュアルコミュニケーションを基軸にしています。でも、大学において勉強をしたことが今の仕事を支えているかというと、テクニカルな知識に関しては後ろ支えしてくれる面がありますが、それ以外ではほとんど役立っていないと思います。

キム　ある人に「物語に教訓がなければいけないと考えますか」と聞かれたことがあります。これについて、文平さんがどう思うか聞いてみたいです。ある仕事をする時、読者や消費者など不特定の人々に対する自分なりの教訓を込めなければならないと思うのか。創作の過程でそのような教訓、悟りやメッセージを投げかけるものにしたいと考えていますか。

寄藤　「僕は知っている、あなたは知らない」という関係をベースにして、「僕は知っているから、知らないあなたに教える」のか、「僕も知らないし、みんなも知らない」という関係をベースにして「僕はこう思いましたという考えを、あなたに伝える」のか。この二つは質的にすごく違うものだと思います。

僕はジュンヒョクさんの小説はすべて「僕も知らない、みんなもたぶん知らない。でも、僕はこう思います」という立ち位置で書かれていると感じます。それから僕も自分の本に関してはできる限りそのように自分の立場を置いて考えています。だから、「僕が知っている、あなたは知らない」関係によって先ほど話したようなギャップを作り、そのギャップを価値に変えるということは、僕は全然好きじゃないですね。

キム　私のことをそんなふうに言っていただき、本当にありがとうございます。でも私は「すべての人が知っていることを僕だけが知らなければどうしよう」という悪夢に苛まれています。つらいです（笑）。東京での対談で「ジュンヒョクさんの本にイラストを描いてみたい」と話してくださったのを覚えていますか？

寄藤　もちろん忘れていないです。

キム　文平さんが疲れていない時にご連絡しますね。

寄藤　わかりました。

キム　みなさん、ご期待ください（笑）。では、質問があれば、どうぞ。めったにお目にかかれない方ですし、初めて韓国にいらっしゃいました。貴重な機会だと思います。

観客①　アンニョンハセヨ。寄藤さんは今年の四月から十二月までお休みを取っているとうかがっています。休んでいる間にやりたいこと、そして休暇明けに取り組みたい仕事について教えてください。

寄藤　僕はまずたくさん寝たいと思って休みました。時間はできましたが、その分仕事の密度をもっともっと高くしようとしてしまうので、実際にはまったく休みがなく、自分にがっかりしています（笑）。

先ほどのギャップの話で言いますと、デザインというのは、ずっとギャップを作るための仕事として発達してきたので、多くの仕事でギャップを作る形で成立しているんですね。僕は、それは嫌だと思っています。だから、ギャップを閉じる方向性の仕事を自分自身が作り、「そういう仕事こそがデザインなんです」と言うことがちゃんと根付いていくような活動を自分自身がやるべきだと思っています。そのためにはちょっと区切りが必要なので、休む形にしました。休暇中にその準備を整えて、休みが終わったらそちらの方をきちんとやっていこうと考えています。

観客②　『ラクガキ・マスター』をとても面白く読みました。章ごとに絵についての秘密が隠されているような気がしました。最後の章に寄藤さんが幼い頃、苔を観察し、そこから色々想像したと書かれていて、それが一番大きな秘密のように感じられました。

私のことを少しお話しすると、子どもの頃兄と一緒にアートスクールに通ったことがあります。ところが、私は見たままの色を塗るのに対し、兄は変な色を使うんです。兄に理由を尋ねても、答えられませんでした。でも、大人になってから、生理学的理由があった、つまり兄は色覚異常だと知ったんです。でも、お兄さんの絵は面白かった。だから私は美術をやる人は自分の短所の壁にぶつからないでほしいと思っています。

私には甥が二人いるのですが、上の子は兄と同じ目の問題を抱えています。その子にどう話をしたらいいのか、アドバイスをいただければと思います。

寄藤　僕には今、答えが見つかりません。思うのは、その色が第三者からは違う色に見えたとしても、本人にとってそれがその色であり、色を見つけて絵の具を溶いて、そこに色をつける時、その経験は、決して他と違うものではないということです。

色を見つけて色を塗っていくということは、僕にとっても絵を描く時の最初の入り口でした。小さい絵の具のセットを父親が買ってくれて、「まず見えた通りに色を塗っていきなさい」と教えてくれました。初めて描いたのは緑の山でした。山を見ながら、僕には茶色が見えたので茶色を塗りました。その次には黄色が見えたので、黄色を塗りました。それから青が見えたので、青を塗りました。そうやってどんどん色を塗り重ねていくうちに、大きく見ると少し緑がかった大きな山が描けたんですね。それは目の前に見えている山とはまったく違ったもので、かなりおかしな色のものだったと思いますけど、僕はその山をよく見て描けたという実感を持つことができました。父親も、実物に似ているか似てないかではなく、僕がそのように描いた絵が非常に素晴らしいものであることを評価してくれました。それは僕にとってものすごく強烈な経験になっています。

　お悩みについて、具体的な答えは見つかりませんが、見て描いたものがそれぞれに良いものであってほしいなというのが、僕の願いです。

キム　とても興味深い質疑応答だったと思います。先ほど質問者の方が、「兄には短所があって、変わった絵を描いた」と話した時、「では寄藤さんの短所は何でしょうか」と聞くのではないかと、僕は想像していました。そのことについて聞いてみたいと思います。芸術家として、文平さんの短所とは？　ご本人が考える自らの短所とは何だと思いますか。

寄藤　僕の短所はあれですね。ちょっとありすぎて。すぐ答えられないくらいあります。僕の短所は、なんか、あらゆることが短所、もう存在が短所です（笑）。

キム　何と申し上げたらいいのでしょう。存在自体が短所という答えは、とても印象的ではありますが、「では長所は何ですか」と聞いたら、「存在自体が長所です」という答えが返ってきそうなので、あえて質問を控えます。

観客③　寄藤さんのファンです。『数字のモノサシ』という本が大好きです。情報を面白い比喩で表現しているところが気に入りました。このような表現方法を始めたきっかけを教えてください。

寄藤　僕は元々何かを比喩じゃない形では把握できないみたいです。人の気持ちとか、時間とか、実は上手く捉えられないんですよね。比喩にできないからです。「夕暮れ時」だと僕はその時間がものすごく正確に把握できますけど、「夕方六時」だと把握できないんです。比喩によってモノを把握するのは、「そうしないと自分自身もわからないから」なんです。

「比喩」は、「レトリック（rhetoric）」とも言います。「レトリックの方法」が実はもう分類されていて、「レトリック」を研究した人もいるんですね。最近はその「レトリック」そのものについて文献を調べています。「レトリック」を使ってできることや、その短所にも目を向けて、それをテーマにした本が作れないかと思っています。

キム　『数字のモノサシ』という本は、私も読みましたが面白かったですね。レトリックについてお話しされましたが、日本で対談をした時、寄藤さんの空を飛ぶような比喩の数々に、戸惑った記憶があります（笑）。

今日の対談も終わりの時間に近づいています。「本当に充実していた」と思う方も、「せっかく来たのにだまされた」と思う方もいらっしゃるかもしれません。私は自分が大好きなアーティストと一緒に対話を交わしながら、お話をたくさんうかがうことができて、とてもいい時間を過ごすことができたと感じています。AとBのギャップについての話は、ずっと記憶に残ることでしょう。私も同じように考えていたため、その考えをさらに発展させないといけないと思いました。

観客④　いつからこのお仕事を始めたのか存じ上げませんが、二十代の時にデザインを学び、美術でこれから食べていくことを考えた時に、自分の好奇心や感性というものが仕事で消耗されることに対して怖いと思ったことはありませんでしたか？　今思うとそういう感情すらも二十代で経験するべきだと思いますか？

寄藤　僕は今日、それぞれの質問がものすごくシャープなので驚いています。質問そのものが素晴らしく、その角度というか、言葉のまとめ方も含めて、質問の仕方が違うなというふうに強く感じます。

今の質問で言えば、僕は学生時代から広告代理店の先輩の手伝いをしていました。本当に疲れてくると、喉の血管が切れて、咳をすると血がパラパラ飛び散るのですが、それが普通という状況で働いていました。みんながそうだったんです。毎日がものすごく忙しい時に「自分」というものを持っていると苦し過ぎるので、「自分」というものも無くしちゃうんですね。マシンになって。とにかく「このミッションをやり遂げるには何をしたらいいのか」ということしか考えない。そういう二年くらいを過ごしていました。

それを僕は二度と味わいたくないんですけども、そこでものすごく大きなジャンプがあったと思います。その時にほとんどの苦しいことを経験し終わった感じがあって、その後はなかなか苦しいと感じなくなりました。

例えばまったく理解してもらえないとか、バカにされているとか、もしくは非常にプライドを傷つけるような形でものを言う人に会ったとしても、何も思わないですね。

でも、「それが必要です」とは、言えないです。それで倒れてダメになる人もいましたし。それを僕が良しとすることはできません。ただ、そういう状況になっても、感性はまったく消えなかったし、すりつぶれることはなかった。ですから、逆に言うと、どんなに酷い環境にいても自分の感性が最後の支えになってくれる。感性とは守って大事にするものじゃなくて、どんな状況であっても、力として自分を支えてくれるものだというふうに考えていいんじゃないかなと思います。

キム　対談を結ぶのにふさわしい言葉だと思います。先ほど対談が始まる前に、ある日本の方が「こんなにたくさんの若い人たちが本を読み、対談に足を運ぶとは、韓国にはとても希望がある」と言いました。さらに、いい質問もたくさんありました。素晴らしい対談になったと思います。文平さんには、今後もたくさん韓国に来ていただけるよう願っています。前回日本で別れ際に「六か月後には日本語で話しましょう」とでまかせを言ってしまい（笑）、今日は文平さんと英語で会話しました。まだ日本語の勉強は始めていませんが、次にお会いする時は日本語でお話しできるといいなと思います。では、最後のごあいさつをお願いします。

寄藤 まず、ジュンヒョクさんの司会者としてのスキルの高さに、ものすごくびっくりしています。日本の対談では、僕が司会の立場でしたけど、まったく質問も上手くできてなくて、「あ、こうすれば良かったんだ」と、今、痛切に感じています。

今日は本当にありがとうございました。どういう訳かはわからないですけど、今の自分が非常に切実に考えていることにぴったり合った質問を、ジュンヒョクさんが考えてきてくださって、それも含めてすごく驚きました。自分の中でも話しながら気持ちがまとまってきたこともたくさんあり、とても意義深かったです。ありがとうございます。

キム 後悔があれば、日本でもう一度対談するのはいかがでしょう? 私なりに考えても今日は水が流れるようにとても司会がスムーズで、時間もピッタリとサイン会が始まる六時に終えることができました。この素晴らしい司会者に、拍手は必要ありません(笑)。司会者が必要な時は、いつでもお声がけくださいね。

私も質問しながら、自分自身気になっていたこと、最近悩んでいたことを聞くことができたと思っています。とても楽しい対談でした。私からもお礼を申し上げます。

第3章

建築家
光嶋裕介
×
アン・ギヒョン
建築家

第1幕

道場の畳の上に、
小さな文机とプロジェクターだけを置き、
観客との距離もグッと近いところで行われた対談。
靴を脱いで座っている寛いだ雰囲気ということもあってか、
まるで幼なじみか兄弟かのような空気を感じたとも。
初対面のはずのトークは初回から深いところへ……。

光嶋裕介（以下、光嶋）　光嶋裕介と申します。昨年、僕が書いた『建築武者修行　放課後のベルリン』（＊1）という本が韓国で発売されました。建築物は動くことができないのですが、本というものは言葉の壁を越えて動くことに大変感銘をうけました。

　僕は一九七九年生まれで三六歳なのですが、アンさんは一九七六年生まれの三九歳です。実は僕には一九七六年生まれの兄がいまして、そのせいでアンさんが同世代というか、お兄ちゃんのような感じがします。「兄」は韓国語で、オンニでしたっけ？　ちがう？　ああ、ヒョンですね（笑）。いずれにせよ、すごく親近感があります。

　お会いする前に手紙でのやりとりをしました。そして、今回アンさんが来日してからは京都のお庭を回るなど色々なことをご一緒しましたが、日程の最後に僕の建築家としてのデビュー作である凱風館（＊2）をぜひ体験してもらいたいと思いました。そして、今朝、アンさんは凱風館での朝稽古に来てくださり、道着を着て僕と一緒に合気道を体験しました。なんと、五時に起きて大阪のホテルから来てくださったんです。すごく貴重な三日間でした。

　最初に、アンさんがどんな建築を手がけてきたか、どういうことに関心があるのかというのを、ショート・プレゼンテーションして

＊1『建築武者修行　放課後のベルリン』
ベルリンの建築設計事務所でのインターン時代に旅した欧州の建築物に関するエッセイ集。イラストも満載。（光嶋雄介著／イースト・プレス）

＊2　凱風館

思想家・武道家である内田 樹氏の道場兼自宅。武家屋敷をイメージし、国産杉をふんだんに用いた木造建築。建物のネーミングには、つぼみを開花させる凱風（南から吹く初夏のそよ風）という意味が込められている。

いただきたいと思います。

アン・ギヒョン（以下、アン）　アンニョンハシムニカ、アン・ギヒョンです。こうして日本に来て光嶋さんとお会いして対談できることにわくわくし、皆さんの前でお話しすることに少し緊張もしています。まず、私自身の仕事について簡単に紹介させていただきます。私は二〇一〇年からAnLstudioという建築事務所を立ち上げました。最初はニューヨークにオープンし、二年前にソウルに事務所を移しました。AnLstudioの意味は、私の苗字AhnからのAnとパートナーのLeeの頭文字であるLを取ってつけたものですが、急いで決めたので、特に深い意味はありませんでした。ところが、そのうち周りに色々聞かれるようになり、AはArchitecture、Lは建築に対する欲望と情熱を表すLustだと説明しています。Lustという単語は、韓国語の解釈では欲望、情熱ですが、欧米の人にこの話をすると「性的な欲望が強いという意味だ」と笑われてしまいます（笑）。でも、相変わらず私はLustという単語を使い続けています。最初は二人で始めた事務所ですが、今は三人で仕事をしています。

最初に私が手がけたプロジェクトをお見せしましょう。（――と、建築作品をスライド写真で映し出しながら）これは仁川《インチョン》空港の近くに作られた展望台（＊3）です。コンテイナーを使って作られています。コンテイナーはもともと倉庫で使われるものですが、それをあえて道具として展望台のように作り変えてみようとしたものです。

二つ目はオーストラリアの公募展で優勝したプロジェクト（＊4）です。公園の中に、私自身子どもの時に大好きだった日本のアニメーション『もののけ姫』に出てくるおばけをイメージして作りました。センサーが中に入っていて、人と話すことができる仕組みになっています。見るだけでなく一緒に遊べる、人との関わりを持てるものを作りたいと思って考案したものですが、運よく優勝し、オーストラリアに建てられました。

＊3　仁川空港近くに作られた展望台＝【Oceanscope】

仁川大橋の展望台。捨てられたコンテイナーを望遠鏡に見立て、中から海を見渡すことができる。国際的なプロダクトデザインアワードであるレッド・ドット・デザイン賞で建築インテリアの最高賞を韓国人として初めて受賞。（Photo／AnLstudio）

そして、次は私が建築家として初めて手がけた建物、小さな家（＊5）です。今の光嶋さんぐらいの年齢の時に作ったものです。誰かが住む家を作るのは自分が一番やりたかったことではありますが、やはり建築家に依頼すると何億ウォンというお金が動くわけですよね。なかなかそれを預けていただくのは大変なことです。自分のやりたいことを叶えるために、様々な造形物を作ったり、他の人の建築事務所でキャリアを積んだりして、このプロジェクトに至りました。

若くて情熱的に仕事をする人を探していた人から依頼されました。光嶋さんが凱風館を作るに至った経緯に似ているかもしれません。印象に残っているのは、最初に建築主にデザインの設計を見せた時、「これであなたは本当に幸せですか」と質問されたことです。自分自身でもそれに確信が持てず、ハンマーで頭を殴られたような衝撃を受けました。デザインを持ち帰り、三か月ぐらいかけて最初から考え直して作ったのが、この住宅です。

この小さな家を建てる時には、逆に私が建築主に「この家は建てないとダメなんでしょうか」と聞き返したこともありました。なぜかというと、土地の面積が十坪ぐらいしかなかったんです。階段や浴室を作ると寝る場所もないぐらいの小さなスペースだったので、「こんな狭い場所に住みたいんですか？　もっといい土地を買って、私に建てさ

＊4　オーストラリアの公募展で優勝したプロジェクト＝【Lightwave】
「目の前の利益を追うのではなく、実験的な試みを」という意気込みから生まれたインタラクティブな作品。二〇一〇年、オーストラリア・クイーンズランド州政府主催の公募展で優勝し、ブリスベンに設置。（Photo / AnLstudio）

せてもらえませんか」という話もしました（笑）。

ほかには商業的なカフェや、十二階建てのビル、そして中国のコンベンションホール（＊6）のリノベーションも手がけています。アパートのリノベーションやモーターショー会場のデザイン、用途のない捨てられた空間の再生、使われていない公園に色を塗ることなど、様々な仕事をしています。

最後にご紹介したいのは、私の個展で発表した作品『DISSOLVE 融解』（＊7）です。この作品を通じて表現したかったのは、私たちが作った建築物は建築主の手に渡って使われるわけですが、誰がどのように使うかによって建築家の意図から離れていき、変わっていくということ。カプセル状の錠剤を飲むと、カプセルが溶けて中に入った薬の効果が現れるのと同じで、最初

＊5　小さな家
＝【MONGDANG 夢堂】
ソウルの繁華街・鍾路に建てた3階建ての家。土地面積はわずか10坪。螺旋階段で開放感を演出し、天窓で光を取り入れるなど、狭小地を生かす驚きのアイディアを随所に盛り込み魅了する。（Photo・上／AnLstudio）

に作ったものが違う形になっていくことを、よく考えていた時期がありました。それを表現したカプセルをイメージした作品です。作られたものが倒れていき、倒れたものを人々が踏んだり壊したりするという展示でした。

光嶋　建築家という仕事は、僕自身もそうですが、どのようにして建築家として働くかというのは、十人十色なんですね。だから「こうしたら建築家になれる」という方法はないのです。しかし、その中でもある種の普遍性みたいなものを発見していくために、色々な対話を重ねています。小さな住宅から始まってコンベンションセンターまで、多様な関心と強い好奇心を持ちながら建築と向き合っているアンさんと、社会との関わりや、日本と韓国の違い、共通点などについて話していけたらなと思っています。

　まずはアンさんに凱風館の印象について聞いてみたいと思います。五時に起きて凱風館に来てくださり、六時半からの朝稽古、そして初めての合気道を体験していかがでしたか。

アン　道場を最初に見て、次に稽古をしたのですが、空間から建築

＊6　中国のコンベンションホール＝【The Suit-Convention Hall】
中国・広州の中心部に位置し、国際的なファッションショーなどに多用されているホール。多角形のレイヤー状にデザインされた壁は、照明や音響器具を隠す役目も果たし、ランウェイをスタイリッシュに引き立てる。(Photo / AnLstudio)

家の意図が感じられました。人々が集まる空間、中央の空間、そして先生が実際に住居として使っている空間がとても上手く分離されているうえに、多くの方が活用している。本当によくできているなと思いました。道場という場所柄のためか、目に見えない気のようなエネルギーを感じました。

羨ましいと思ったのは、建築主ととてもいい関係を築いていることです。今でも緊密に連絡を取り合い親しくされているのは、素晴らしいと思いました。時には建築主と建築家の関係は悪くなることもあるんです。私が手がけたプロジェクトの中でも、私が若いから使いやすく安上がりにできるだろうという狙いもあって依頼をされたケースの中には、私が期待に応えるように頑張っても、仕事が終わった後に「建築物を使わせてもらえませんか」と頼むとあっさり断る人もいます（笑）。日本ではそんなことはありませんか？

光嶋　まさに考えたことの一つです。建築家が芸術家とどう違うかというと、芸術家は自分の内なるものとの対話の中で何かを創造する。建築家は自邸の時以外は常にクライアントがいて、実際に手を

＊7『DISSOLVE 融解』
生物を象徴するタンパク質、それを含ませた何千ものカプセルを細胞のイメージとして組んでいき、展示期間中に、観に来た人々が自由に破壊していく参加型のインスタレーション。消えゆくプロセスを建築物の時の流れによる〝変化〟に重ね合わせたという。
(Photo / AnLstudio)

下して作るのは職人である。つまり共同作業によって建築が生まれるというところが一番の違いです。集団的創造ということです。でも、そこでただ言われた通りにやるのではなく、建築家としての芯のようなものが問われるわけです。

アンさんがおっしゃったように、僕が今手がけている建築すべてが、顔の見えるクライアントなんですね。直接依頼を受けて内田 樹先生のために凱風館を設計しました。その過程で「みんなの家」というコンセプトを立て、内田先生の門人である合気道の人達はどういう道場が欲しいのだろうかと考えました。他者への想像力を、僕は建築家として一番大事な武器にして設計したのです。

これからはクライアントの顔が見えない建築を設計することもあると思います。例えば公共建築。アンさんの最初のコンテイナーの作品も、誰がどう使うかは想像していくしかないですよね。クライアントの顔の見える建築に対しては対話が通用するのです。しかし顔の見えない建築、例えば僕が小学校を設計するとなったら、小学生にインタビューやヒアリングをして彼らの要望に対して良い小学校を作ることができるわけではないと思います。顔の見えないクライアントに対して、どうやって公共建築を作っていくかというのは、僕がこれから四十代、五十代に向けてしっかりと考えたいテーマです。建築家はクライアントと家族のようになるか、あるいは「二度と頼まないぞ」と喧嘩するのか、どっちかしかないと思います。僕は今のところ家族のような関係を保っています（笑）。

アン　私はまだまだ未熟な建築家です。良好な関係を築けた相手であったとしても、自分自身では最善を尽くして努力したのに、建て終えた後で自分の中に心残りな部分があるまま建築主と向かい合う場面があると、すごく申し訳ない気持ちになってしまいます。

光嶋　京都でご案内した旅人庵（＊8）は、僕の最新作です。そして今皆さんがいる凱風館は、最古作です。僕もまさに変わっていきます。進化している、磨かれていると信じて、最新作が最高傑作のつもりで作っているのです。そうすると処女作の凱風館はどんどん超えられていく。旅人庵に内田先生をご案内した時には、「おい光嶋君、ずいぶん上手くなったな」と言われました（笑）。僕にできるのは、いいものを作り続け、「光嶋裕介に最初に依頼したのは、俺なんだ」と内田先生に愛情を持っていただけるようになること。過去のクライアント達に、僕に頼んでよかったと思ってもらいたいですね。常に自問自答しながら最新作が最高傑作だと思って作ってい

＊8　旅人庵
暑さ寒さが厳しいと言われる"古民家"を、快適に暮らせる家へとリノベーションしたもの。気鋭の出版社、ミシマ社の三島邦弘社長の私邸。

ます。

アン　私のクライアントも同じです。小さな家の建築主も、「君は私が育てた」と（笑）。

光嶋　そんな人間関係の中で、人は「建築家」になっていくのかもしれません。

実は建築家になりたいと大学一年生の時から思っていました。大学の研究室に入ると、普通、先生はまず自己紹介をしますよね。「僕はガウディの研究をしています」、「こういう建築を作っています」とか。でも、僕の研究室の石山修武先生は建築の話はまったくしないで「建築家になりたければ、年賀状が五〇〇枚来る人間になれ」と。その時は何を言っているのかよくわからなかったです。ただ面白い人だなと（笑）。見た目も怖いので、「なんだろうこの人」って思っていました。

そして独立してみて「あ、本当そうだ」と思うようになったんです。デザインが上手い、下手とかの美意識は、例えばどんなシャツを着ているのかのように自由ですよね。それぞれが発見していく。でも、年賀状が五〇〇枚来るというのは、相当な人間力を持っているということです。つまり、コミュニケーションが上手にとれて、魅力的な対話ができること。つまり、「人間関係が作れないと独立して建築家としてやっていけないよ」ということを一年生の時にいきなり言われたわけです。今の僕は二五〇枚、三〇〇枚くらいなので、まだ半人前の建築家ですが、これからどうにか五〇〇枚になるように頑張りたいと思います。

たぶん、建築家の本質というのはデザインの上手い、下手とかでなく、人間力なのではないかと思います。自分も内田先生に出会えたことは本当に運が良かったと思うし、こうしてアンさんと出会えたことにもわくわくします。今この瞬間も楽しいことだけど、将来的に何か一緒に面白いことができるのではないかと思う瞬間が、一番うれしいです。可能性を信じると言いますか。

アン　私は仕事のパートナーがいて三人で事務所をやっているので、年賀状は一応三倍になります（笑）。今おっしゃった建築家にとって人との関係が大事という話にすごく共感します。私も大学で学生たちを教えていますが、学生たちにはこんなアドバイスをしています。「建築学科の学生とは話をするな。音大や美大、社会学専攻の人と恋人や友達になり、映画を見たり色々な話をしたりしなさい。そうすることが君を成長させ、いつかはその人達が君のクライアントになるかもしれない」。

光嶋　そうですね。まったく同じことを言います（笑）。「群れるな」と。「設計するというのは、孤独を抱えてないといけない。それをシェアすることはできないから、仲良しこよしで設計をしたり旅に行ったりせず、基本的には一人で常に行け」。それが僕の基本的な姿勢です。

僕は文章を書いたり絵を描いたりしています。絵を描いている瞬間は一人である種の孤独と向き合える、決断とすべての責任を持って集中する時間です。でも、図面を描いている時とか、クライアントとコミュニケーションしている時は、共同作業をしている感覚が大きいです。一人で建築とは何かを考える時には、文章を通して、あるいは絵を通して考えます。そうして理論として構築したものを実践する場所として、職人さんやクライアントと一緒に現場で対話を重ねていきます。

だから共同作業としての建築家は、どちらかというと指揮者です。絵を描いたり文章を書いたりしている瞬間は、自分と向き合って作曲家としてやっている。これが僕なりに見つけた手法ですね。

アン　私もよく似た方法を取っていると思います。面白いと思うと同時に難しいと感じるのは、建築というのは、住宅、オフィス、病院、ホテルと対象が時によって変化すること。多様な用途に合わせて設計しなければならないわけです。どんな考えを持った人が使うか理解し、想像しながら作っていかなければなりません。このプロセスは、映画俳優がある役を演じる上で、役に入り込み、なりきる感覚に近いんじゃないかな、と思います。建築とは、その場を使う人が心地よく、いい関係を作りあげていけるような空間を作りあげていくことですよね。時には俳優のように自分ではない他者への想像を巡らせて、その人を理解し、その人になりきるような好奇心を持つことがすごく大事なのではないかと感じています。

問題は、私たちは三人で作業をしているので、絶えず多重人格者のようになってしまうということです（笑）。

光嶋　まさに、今日話そうとしたテーマに徐々に近づいています。僕は中学三年生だった一九九五年に、阪神大震災を経験しました。当時僕は神奈川県にいたのですが、街が完全に壊れるのを見て衝撃を受けました。その街が、ここ。今、私達がいる神戸です。そしてちょうどこの凱風館を作っている二〇一一年には、東日本大震災がありました。建築と芸術との違いは先ほども話しましたが、さらなる相違点は「人の命を守る」ということです。建築は自然と対立しながら、自然から人間を守る役割、つまり「衣食住」の「住」の役割をします。阪神大震災で圧倒的な破壊を子どもとして体験し、建築って何ができるのだろうと思いました。そして、いざ建築家として初めてのデビュー作を神戸で作っている時に、東北では街が流されてたくさんの命が失われてしまいました。その時、当然建築の役割とは何か、さらには建築家の社会的役割とは何か、という大きな問いが自分の中に生まれました。

今アンさんがおっしゃったように、建築家は常にある種の多重人格も含めて、色々な人達と関係を結びながら建築を作ります。一九九五年と二〇一一年の震災を体験した時、そして興味深い建物だと思っていたワールドトレードセンターのツインタワーがアメリカ同時多発テロ事件で無くなった瞬間――、アメリカで生まれた日本人の僕は、この三つのカタストロフィを体験し、建築に無力を感じました。自分自身も社会の一員であり、社会に対して豊かさを還元するなど、何かができるのではないかと思っている中で、圧倒的な破壊を目の当たりにし、建築家の非力を感じたんです。そこからどうやって新しい価値観、あるいは建築家の役割を見出せるのか。もちろん正解はないのですが、そんな大きな問いをずっと心に持っています。

アン　いわゆる災害建築については、私は韓国にいて直接的な被害を受けた経験がないので、そのことについてどう向き合うべきか、頭の中で深く考えることがありませんでした。そんな中でも感じたのは、建築家としての使命感や意識は持っていますが、同時にそれは私にとって生計を立てるための職業でもあるということ。この二つを天秤にかけることはできません。ただ、災害が起きた時には、私は建築家として何かを社会に還元するということよりも、おそらく被害に遭われた方に、一人の人間として直接出向いて何か役に立てることをするのでは、と思います。

建築家というと、モノを知っていそうなふりをし、建前を気にしてポーズを取ることも多いと思います。でも自然を前にすると本当にちっぽけな人間です。建築家として何ができるかということ以前に、まずは人間として何ができるのかを考えて人と向き合っていきたいというのが、今の私の中の答えです。

光嶋　すごく冷静に分析して、正直だなと思いました。建築という概念はそもそも西洋から輸入されたもので、日本にはなかったわけです。大工さんや棟梁の人たちが家を設計してデザインしていて、設計者、建築家という概念は二〇〇年前にはなかった。すごく浅い歴史の中で、まさに今アンさんがおっしゃったように、無理して格好つけているようなものです。だから建築家ってこんなことができるのではないかという、大きな靴を履こうとしているのかもしれないと、日本人としては思うことがあります。

アン 人間としてどうあるべきかと同時に、やはり建築家として何かシステムを作り上げて、災害があった時に役立つ準備ができれば、望ましいと思います。ただ私はまだそこに対する深い考えに至っていない状況なので、今の気持ちとしては先輩の建築家達がそういったシステムを作ろうとしている時に役に立ちたいと思っているし、例えばボランティアという形で関わっていくことが、今の私にできることだと思います。

でもやはり光嶋さんは二〇一一年の経験などを通じて、社会がどう変わっていくのか見守りながら感じたことが多かったことと思います。どんなふうに考えていらっしゃるのか、逆におうかがいしたいです。

光嶋 東日本大震災が発生した当時、僕は東京にいて、その後東北に行ってボランティアというか、この凱風館のカーテンを作ってくれた安東陽子さんというデザイナーと一緒に東北に行きました。被災地の体育館にカーテンを引いて、避難所でもプライバシーが保てる試みをしました。やはりどうしても部外者というかアウトサイダーとして、複雑な精神的関係性に持続的に関わることの難しさも感じました。顔の見えるかたちで手を結ぶ人が見つけられなかったのが継続することの難しさだと思いました。
一方、当時、神戸で内田先生と凱風館を作っている最中でした。そこで、もし何かあれば避難所としても使えるような自由度を建築の中に持たせるようにしたんです。例えば道場も広い場所ですので余裕を持って建築を作ることができました。極力オープンにするということを心がけました。それは顔の見える一つ一つの仕事であって、それが社会にどこまで浸透するか、そうした思想的な部分をどれだけ共有できるかということは、建築を設計する仕事だけからではなかなか伝わらない。やはり著作本など（＊9）で建築とは違う形で発信していかなきゃと思うんです。だから今日のような対話も建築家としてやることの意義というのがそこなのかな、と。自分の立ち位置をはっきりさせた情報発信こそが、その風穴を少し開けるのかなと思っています。

では、今度はもう少し具体的に、一人の建築家として今最も大事にしている姿勢を教えていただけますか。建築家として設計していく時、自分の考え方は常に変わりますよね。変わっていく価値観や認識に対して、アンさんが建築を設計する時、あるいはクライアントと向き合う

＊9　著作本など
＝例①『建築という対話～僕はこうして家をつくる』
なぜ建築家を目指したのか？その理由や職業哲学を、具体的な経験を披露しながら〝自分語り〟で綴った読みやすく面白いエッセイ。（光嶋裕介著／ちくまプリマー新書）

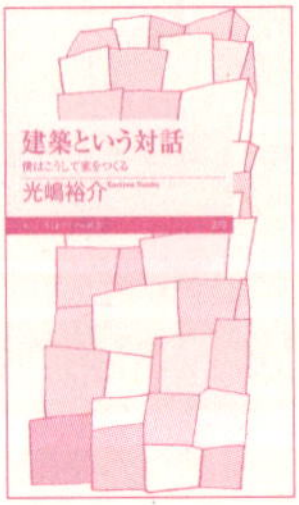

時、初めて敷地に行く時に大事にしているものは何か。インスピレーションソースやデザインの根拠、どうやってクライアントとデザインやコンセプトを共有するのかを聞いてみたいです。

アン　二つのケースがあります。一つは、私はいつも建築物を設計して作る側ですが、土地の持ち主や建物を建てようとしている人々は、何かを買うために長い間悩んでいるわけです。だから真っ先にやることは、その人がどういう道のりを経てどんな考えを持ってそこに何かを建てようとしているのか、聞かせてもらうことです。

　実際にその土地の持ち主は自分が建てる建物について何度もイメージを膨らませていて、頭の中では数百回家を建てては壊しているはずです。逆にその人の思いを聞いてしまうと、実際に私がやろうとすることが難しく感じられることもあります。でもやはり依頼をする人は、これまで見てきたものやなじみのあるものを求める傾向があります。例えば光嶋さんはこの道場に合った机をデザインされていますが、私たちはプロとしてその空間に何が適しているのかというのをより専門的に考えられる側にいるわけですよね。だからクライアントにない発想で、自分が持つ専門的な知識の中でこれまでになかったもの、でもそこに最も適したものを新しい体験として提供できればいいなと考えて

＝例②『みんなの家。建築家一年生の初仕事』
建築家としての初仕事、「凱風館」完成までの記録。素材や職人達とのやりとりなど細部へのこだわりについても書かれている。（光嶋裕介著／アルテスパブリッシング）

います。小さくははす向かいに住む人にとって、大きくは街全体にとって、新しい雰囲気や新しい出来事になればいいな、という思いでアプローチをしていきます。

でも、そうやってアイディアをクライアントに提示すると、「いいですね！」と言いながら、実際はあまり受け入れてくれないことが多いですね（笑）。

光嶋　クライアントはよくこう言います。「建築家は建築のプロだけど、私は素人ですから」と。つまり、建築家のプロとの差を強烈に言うのです。でも冷静に考えると、クライアントも生まれてから今まで建築の中で生活し、建築にずっと携わっているわけで、建築に対する思いは絶対にあるはずです。建築家の専門性は、そのクライアントの思いに適した形を与えるというところにあります。

最初の質問で凱風館の印象を尋ねた時、アンさんは「目に見えない、気のようなものを感じた」とおっしゃいました。その無形な「気」みたいなものに思いをめぐらせて形にすると、「なるほど。俺が欲しかった机はこういうものなのか」、「俺が欲しかった道場ってこういうものなんだ」と、クライアントは感じるわけです。

内田先生は十年前から凱風館を建てたいと思っていました。土地がないとか、お金がないとか、色々な理由で二〇一一年まで建てることはなかったけれども、建てたいという思いはあったんです。ただ、先生は建築家ではないので、形までは考えていらっしゃらなかった。「こんな屋根がある」とか「照明はどうする」とか、そうしたものまでは想像できない。建築家のプロフェショナルというのは、建築プロパーではないクライアントの人たちが色々考えて悩んで、人生最大の買い物をする時に、無形の思いに形を与え、「こんなのはどうですか」と提案できるということだと思います。アンさんが最初に建てた家のクライアントに「これで幸せですか」という質問をされたのと似ていますね。

僕の場合、大事にするのは無形のものとどう向き合うかということと時間軸です。とにかく大切に使われるように、建築に込められた物語を伝えていく。それによって愛着を持って使ってもらいたいんです。

アン　一〇〇％共感します。中身の大切さがあると同時に、私は外側がどう見られるか、人でいえば外見を磨いていくことも大事だと思っています。日常的な場所に新しい空間ができあり、「あ、素敵なものができたね」と人々の好奇心を引き出せるようなものであることも重要だと思っています。そういった意味で、光嶋さんは外から見た顔についてどう感じていらっしゃるのか。凱風館に例えて言えば、正面は建物の顔とも言えますが、内田先生の顔を代弁するような構えになっているのか。ご自身はどう考えているのでしょうか。

光嶋　無形のものに形を与えるというのは、人間に例えると心の部分に近いかもしれません。一つの建築物はまさに仮面というか顔を持っていて、それは建物の正面なのだと思います。外から見た時に「あ、この建築、何だろう」と、まず興味を抱かせるように、その建築が持っている魅力の一つを幾重にも折りたたむようにしてたくさんのひだとして出して見せているわけです。爪の足のようにふわふわと。それはひだが大きくて長ければ色々な引っかかり方をします。

今回、京都でアンさんに龍安寺と銀閣寺、そして重森三玲さんの庭（＊10）を見てもらいましたが、日本の庭は全部が左右対称じゃないんですね。右から入って回遊する。この石庭がこう見えた時に、あそこから見たらどう見えるだろうかと、ぐるぐる回りながら見ると発見があるのです。

凱風館は建物の外壁の色を分け、「黒い部分は道場ですよ」、「白い部分は書斎ですよ」、「茶色いところはプライベートな内田先生の家なんですよ」と説明可能な情報として出しています。それは僕がデザインする過程でなるべく正直でありたいからです。でも、例えば子どもが「何だろう、あの建物。面白いね」と思う理由は、説明可能な要素でないところで引っかかるからだと思います。僕はそうした言語化不能な領域におけるデザインの力に、極力

＊10　重森三玲さんの庭
作庭家、重森三玲（一八九六〜一九七五年）による強い石組みが特徴の枯山水庭園。私邸であったが現在は「重森三玲庭園美術館」として一般公開。今回二人もここを訪れた。

寄り添いながら設計をしたいです。今僕が言えることは、ひだをたくさん持っている建築でありたいということ。それはわかりやすく左右対称でぼーんとした建物よりは、ずれていたり、少しずつ非対称だったりするところが構成バランスの魅力ではないかなというのが、僕の現時点でのデザイン手法です。

どうやって建築を考えているか、お互いの種明かしみたいですね（笑）。

（――ここで、会場からの質問を一つ受け付けることに）

観客 凱風館で合気道を習っています。今日は建築家の役割といった非常に大きな話、あるいは非常に抽象的なお話もあって、それが日本と韓国の間で何かシェアされるものであることを非常に面白く感じながら拝聴いたしました。

光嶋さんのお話の中で、建築家というのはクライアントとか職人さんとかが一緒に関わって作っているという話がありました。僕はこの職人さんの部分に大変興味があります。この凱風館という建物は、土、壁、木、畳など非常に日本の伝統的な技術、衰退しそうな厳しい状況にあるような技法をたくさん使って作られた建物です。韓国ではこのような伝統的な技術などをどのように使ってらっしゃるのか。またはそういうものを若い世代がどのように引き継ぎ、継承しているのかについて、お話しいただきたいです。

アン　これはあくまでも私の意見であって、決して韓国人すべてを代弁していると捉えないでほしいのですが、韓国という社会は朝鮮戦争を経て、近代化に立ち遅れてしまった国です。日本との関係など歴史的なことがある中で、一度朝鮮戦争ですべてが消滅し、新しく都市が作られていきました。それ以前の韓国社会というのは、非常に閉ざされた環境でした。いきなり現代という社会になり、ある意味、建築においては伝統として引き継がれているものがそれほど多くはないといえます。今韓国が置かれている状況の中では、木造の建築物や宮廷の建築様式から学べるものは非常に限られています。例えば木造建築で以前のように作りたいと思えば、材料をすべて輸入しなければなりません。そうなると経済的な条件の中でも厳しく限られたものになってしまいます。そのため同世代の建築家の間では、伝統を引き継ぐことに立脚するよりも、これから私たちが作っていけるものは何か、伝えていけるものは何かについて、多くのことが語られているように感じます。今私たちが過去から何を学ぶべきかについて、まだ私の中で整理されたものはありません。でも、私の中にしみこんでいるであろう過去の遺産を見出し、韓国的なものを作っていく過程にあるのではと考えています。

伝統を継承してきている日本について、羨ましく思います。特に建築の分野に関しては、日本は世界でも指折りの国だと思います。日本には建築家の巨匠と呼ばれている方がたくさん存在しているのも羨ましいです。

光嶋　なるほど。僕はなるべく建築に長生きしてもらうためには、古い歴史から学ぶことが大きいと考えています。一方、韓国は歴史の断絶を抱えていて、今の自分たち、人間が建築の中心になるわけです。過去からの継承すべき伝統は断絶されたかもしれないけれど、今自分たちがどんな新しい建築を作ることができるのかに向き合っている。

僕自身海外の経験をしているので、外から見た日本的なものを〝編集〟する作業を考えています。日本が持っている自然の豊かさにまだまだ可能性を感じると同時に、それを形にしているのはアンさんも言ったようにやはり人だと思います。職人とのやりとり、あるいはクライアントとの対話を重ねることで、大切にすべき新しい日本的なものが作れるのかもしれないですね。建築はある意味で社会の鏡です。韓国の同世代の人たちは、「韓国なりの韓国らしさ」を見つけ出すことを考えるのかな、と思いました。

アン　私はこれまで英語圏での講演含め、自分の力で話す経験はしてきたのですが、このように通訳を介して自分の言葉を聞いていただくのは、生まれて初めての体験です。とても新鮮な経験になりました。凱風館の道場で座って皆さんと目を合わせながらお話をさせていただいたこの瞬間は、とても長く記憶に残ると思います。

次回韓国で何を話すかについては、これからじっくり自分の心に聞いてみたいと思います。私は独立して、事務所を立ち上げて五年になります。ちょっと疲れてしまったり、自分を振り返って考え直したりしたい時期に、このように日本に来ることができて、仕事であると同時に旅にもなりました。光嶋さんと話すことで相互作用が生まれ、これまで見逃してきたことや頭の中にあったもやもやしていたことに気付くきっかけにもなりました。

合気道の道場で感じた「気」には、痩せなきゃということも含まれていますが（笑）、いただいた「気」を私も社会に還元できるようにしたいと思います。一つ約束したいのは、来年韓国で対談をする時にはダイエットに成功し、四年前に撮ったプロフィール写真の頃に戻るようにしたいと思います（笑）。

光嶋　アンさんと話して感じたのは、やっぱり「打てば響く」ということ。自分の想像を超えるのが、対話の魅力です。写真を見て手紙を書いて、実際会うと「お、でかいじゃんこの人」みたいな（笑）。期待を裏切っていく感じですね。

最初に手紙を書いて、どんな返事が来るんだろうと。その返事を読みながら始まった二人の関係は、わずか三日間ですが、新しい友達を得た感じでした。今後ずっと何か繋がる、ちょろちょろと湧いた水が大きな川、海へと流れるような感覚です。

来年の春に僕が韓国に行く時、新しい韓国をアンさんの目を通して見せていただけるのが大変楽しみです。それをたくさんの人と共有しながら、ある種の何か普遍的な価値観や新しい視点を発見すべく、切磋琢磨したいと思っております。今日はわざわざありがとうございました。

アン・ギヒョンから光嶋裕介への手紙

Hey, 光嶋!

昨年お会いして友達になったので、気軽に呼び合うのがいいかなと思い、敬称を省いてみました。前回の手紙で「光嶋様」と書いていたのを思い出すとぎこちなく感じるのは、それだけ私たちが親しい間柄になったからではないでしょうか。
手紙の本文を書くに先立ち、数日前に熊本で起きた地震について、光嶋さんと周りの方々のご無事をお祈りします。被害にあったすべての方々に哀悼の意を示し、早く日常に戻れることを願っています。

前回の日本での対談から、もう半年が経ちました。時が過ぎるのは早いですね。すでにご存じだと思いますが、私は娘と息子、二人の父親になりました。光嶋さんにもお子さんが生まれ、父親になられたことでしょう。私は、子供が誕生したことで、両親や妻はもちろん、自分自身に対する考え方も色々変わりました。新しい存在が生まれ、私が考えていたすべての関係が変化した、と言えるかもしれません。光嶋さんはどうですか？　父親になり、生活が以前とはすごく変わったのではないでしょうか。いかがですか？

今回の韓国での対談では、前回テーマにした日本の庭園と比較しながら、韓国の庭と外部空間について一緒に語り合いたいと考えています。同じ物理的な空間であっても、使う人の文化的な背景と習性、そして行動様式によって、それを認知し使用する方法が異なるはずです。光嶋さんも私も韓国と日本の両方を見ているため、両国比べながら前回よりもさらに多くのことを語り合えると思います。

対談のテーマは「日韓の建築を語る」ですが、私にこのように大きなテーマを語ることができる器があるのか、また、庭や庭園というキーワードを糸口とする対話を観客が大きなテーマと結びつけて共感してくださるか、気になります。特に、今回は私が教えている学生も観客として多数参加するため、さらに緊張しています。一方で、だからこそ私たちが易しい話を率直に語れば、多くの人が共感してくれるのではないかと、気持ちを引き締めています。

そして、六か月ぶりに再会する光嶋さんと、それぞれ異なる場所での出来事やそこで生まれる生き生きとした感覚について、共に分かち合う機会を持てることを、本当にうれしく思っています。ソウルでお待ちしています。

二〇一六年四月
アン・ギヒョン

光嶋裕介からアン・ギヒョンへの手紙

アンさん、こんにちは。

お手紙、ありがとうございました。心遣い、うれしかったです。

実は今、設計を進めている住宅が熊本にほど近い九州の大牟田という場所にあります。クライアント家族のみなさんは、無事で元気なのですが、大きな地震だったので、自然の猛威に対して改めて危機感を抱いております。

それにしても、本当に時間が経つのは、早いですね。僕も昨年十一月に父になりました。娘は、すくすく育ってくれていますが、アンさん同様、娘の誕生は、僕にいろんな変化をもたらしてくれました。というか、すべてが変化したと言っても過言ではないくらい、人生の大きなターニングポイントだと認識しています。中でも思うのは、赤ちゃんは人間の生命の歴史を辿っているのではないかということ。つまり、妊娠時は母の胎内、羊水の中で生命を育み、出産とともに肺呼吸をスタートする。今、娘は五か月ですが、もちろん言葉を発しません。でも、それこそ何千年も前に人類がまだ「言葉」を手に入れる前の姿なのではないかと、古の人類へと想像を膨らませています。時間感覚も、論理も、心も存在しない、圧倒的「自由」だけがある特別な時間なのかもしれませんね。

今回の韓国への旅も今からとても楽しみにしています。今まで何度か韓国に行かせてもらっていますが、建築家の友達がいるということは、初めてのことであり、なにより頼もしいですね。確かに、建築について語るということは、いついかなる場所であっても難しいですよね。それは、建築や空間という概念には「模範解答」なるものがないからです。しかし、だからこそ、探求する面白さ、語ることの大切さがあるように思っています。きっとまた多くの発見に満ちた実り多き時間になることでしょう。今回の旅が、また僕達の長い友情のはじまりとなることを信じています。

二〇一六年四月　神戸にて

光嶋裕介

第2幕

2nd TALK SHOW @ KOREA
2016年4月28日(木)
18:30～20:00
漢陽大学
第二工学館301号室にて

最初のトークから半年、
寒い冬から春へと季節が変わっただけでなく、
お2人にはそれぞれプライベートにおいて
人生観が変わるうれしい出来事もあったとか。
ギヒョンさんが教鞭をとる大学にて行われた対談は
ますます熱いエネルギーに満ち溢れます。

アン・ギヒョン（以下、アン）　アンニョンハシムニカ。私が毎日講義をしている教室で、こんなに大きなイベントを開催するのは、不思議でちょっと畏れ多い感じがします。知っている顔ばかりなので、照れくさいのですが、話しているうちにきっと慣れると思います。難しい話ばかりではなく、軽い感じで話すので、みなさんもリラックスして聞いてください。

私が日本に行った時、光嶋さんが日本庭園を案内しながら庭園における建築物とその外部の空間の構成について話してくれました。だから私も今回韓国を案内するにあたり、現代的な空間よりも外部空間と結びついているものをお見せしたいと考えたんです。そして、古い学校が庭や周辺の自然環境とどのように調和しているかを紹介するため、安東《アンドン》にある書院（＊1）に案内しました。

韓国と日本のどちらが優れているのか競うのではなく、私たちがいかに異なる考えを持ちながら同時代を生きているのか。今日はそんな話をしたいと思います。

では、まず光嶋さんに自己紹介を兼ねてプレゼンテーションをし

＊1　安東にある書院

慶尚北道安東市にある「屏山書院」。一五七二年に朝鮮時代の儒学者である柳成龍により作られた典型的な書院建築。二〇一〇年には、ユネスコの世界文化遺産に登録された。右の写真の中央には、座って向かいあい、語らう二人のほほえましい姿も写っている。

ていただきましょう。

光嶋裕介（以下、光嶋）　みなさん、こんばんは。僕が今建築家として関心を持っている「生命力のある建築」の作り方について、ミニレクチャーをしたいと思います。

建築家になろうと思ったのは、世界の建築に興味を持ったことがきっかけです。僕は「建築家は手で考えている」と思っています。スケッチしながら世界中を旅して、建築家への夢を育んできました。

（——と、自分の手がけた建築作品をスライドで映し出しながら）これはパルテノン神殿のスケッチ（＊2）です。ギリシャの二千年以上前の廃墟や、ポルトガルのポルトの丘に沿って建築が建っている場所を訪れました。このカットは、ウィーンにあるシュテファイン大聖堂という古い伝統的なゴシック建築と、ハンス・ホラインという現代的な建築家の建築がぶつかり合い、強烈な対比が起きているようすです。こうしたものをスケッチしながら、僕はたくさんのことを建築から教えてもらいました。

建築家という仕事は、たくさんの人と一緒に建造物を作ります。音楽で言うと、オーケスト

＊2　パルテノン神殿のスケッチ
一九九九年夏、〝人生初めてのひとり旅〟として光嶋が最初に赴いたのはアテネだった。あまりにも「いきいきした廃墟」に心打たれて描いたもの。

ラを扱う指揮者のような働き方ですね。同時に、自分の中で創造行為をする場合は、一人で作曲家的な働き方をします。僕はその一人の時間、作曲家的な時間として、絵を描くことをしています。それが『幻想都市風景』（＊3）というドローイング。実在しない架空の町を自分の中で連想しながら描いているライフワークみたいなものです。こんなふうに旅に出てスケッチしたり、色んなことを連想しつつドローイングしたりする中で建築を作ってきました。

建築家としての初めての仕事は、「凱風館」という建物です。合気道の道場ですが、畳をめくると能の敷舞台があり、そこで能のパフォーマンスをやったりします。神戸の山を感じたり、瀬戸内海を感じたりするような空間をたくさん作り、二階は内田 樹先生の書斎のあるご自宅になっています。

＊3 『幻想都市風景』

“ありそうでない架空の建築”をテーマに描き始めたのは、ベルリンに滞在していた頃のこと。初めて大きなサイズで描いた時のものは、今も事務所の壁に飾り、初心を忘れないように、よく見上げているという。

二つ目の建築は同じく神戸に建てた「如風庵」（＊4）という、土と木をベースとして作った建物です。土というのは形がないものですから、まっすぐの壁にする必要がありませんだから、まっすぐな壁と三次元にうねる壁を画面の右と左に作り分けました。細長い建築なので、光を屋根から取り入れるなど、採光も色々工夫しました。

＊4 「如風庵」
自然素材、特に土壁の美しさにこだわって設計。竹を編んだ下地に土や水を調合し、粘土のようにしたタネを何度も何度も重ね塗りしてあるという。(photo／Takeshi Yamagishi)

もう一つは、八十年前に建てられた京都の古民家をリノベーションした「旅人庵」という住宅です。古いものと新しいものをパッチワークしながら、構造的に補強したり空間を繋げたりする工夫をしました。古い建築と新しく設計したものをコラージュしていくようなドローイングを完成させてから作りました。

最後にご紹介するのは、『幻想都市風景』の展覧会にASIAN KUNG-FU GENERATIONというバンドのメンバーが来てくれて、それをきっかけに彼らのステージデザイン（＊5）をすることになったという話をします。白い街をイメージして舞台を設計し、そこにドローイングで絵を描いてプロジェクションマッピングをしました。曲によってどんどんイメージが変わっていって、音楽という形のないものに新しい映像を加えたイリュージョンです。全国三〇公演で六万人以上の方に観てもらったので、大成功でした。以上です。

アン　ありがとうございます。私は東京を訪れたことは数回しかないのですが、日本の都市の風景はかなり整然としていて、建物もきちんとした印象を受けました。日本の方たちの折り目正しく品がある姿が表れているのかな、と街を見て思いました。光嶋さんは韓国に四、五回いらっしゃっているそうですが、建築家として感じたソウルの印象はいかがですか。

光嶋　東京のカオスに似ていると思います。人間が集まって住まう都市の問題ですけど。たくさんの人が一箇所に集中することによって、色んな複雑さが起きる、それがカオスだと思います。東京とソウルはすごく似ていますね。ただ、ソウルには山があるので起伏があり、王宮や大統領官邸、川などが都市の軸になっています。東京は、さらにカオスでコンパクトな感じで、中心がない。中心は天皇のいる皇居ですが、そこには基本的に我々は入れないヴォイドなんです。同じようにカオスの中にあっても、ソウルのほうが山に囲まれていて川が流れているという自然との関係性が強いと思いました。

＊5　彼らのステージデザイン＝【ASIAN KUNG-FU GENERATIONの舞台演出】
二〇一五年の全国ツアーのステージデザインを手がけたのも光嶋。摩天楼をイメージし、『幻想都市風景』のドローイングもステージに投影された。
(photo / Takeshi Yamagishi)

アン　私はなぜか、カオスというよりも日本はきちんと整理されているという印象を持っています。気候のせいかもしれません。窓ガラスもソウルよりピカピカです。とにかく、現代建築は韓国よりも日本のほうが進んでいると、認めなくてはならないと思います。

カオスといえば、夜飲み歩く文化は日韓同じですが（笑）、都市の風景を比べると韓国のほうがもっと汚くてごちゃごちゃしています。だから前回の対談の前に京都で庭園を周った時には、「日本にも人がそれほど多くない街もあるし、地方の風景は韓国に似ているな」と思いました。

今回初めて光嶋さんをソウル以外の場所にご案内したところ、「韓国にも山がたくさんあるとは知らなかった」とおっしゃっていました。一緒に安東を訪れた感想と、韓国に対する印象がどのように変わったかを教えていただけますか？

光嶋　確かに東京は洗練されているように思います。建設技術のおかげできれいだけど、すごく人情味が薄いのです。

カオスの話をしたのは、人間が生きていく上で、きれいで論理的でわかりやすいものじゃないものが必要だと思うからです。それは技術が進んだとか、きれいだとか、そういうことを追求しても、東京はこれ以上にきれいにならないというか。技術においてはかなり高い水準までいったけれども、この先これ以上になることはたぶんないような気がします。

建築を豊かにするものには、何か数値化することができない存在もあると思うのです。ソウルにはまだ残っている裏道であったり、人間味というか都市の闇だったり。そういったものを排除して全部きれいにしていくことに、僕は危機感を覚えます。そうしたコントロールできないものの最たるものが、自然だと思います。

昨日アンさんに安東を案内していただいて、確かに田舎の風景は日本と似ていると思いました。でも決定的に違うのは、山のスケール、そして韓国では山の生態系のせいでまっすぐな木が生えないということでした。「日本では杉とヒノキが何百年もまっすぐ生え続けるため、木造建築が脈々と繋がっている」という話がすごく腑に落ちました。そうした自然を都市の中に取り込もうとしたのが、京都の庭ですね。だから京都の庭は都市の中での自然のあり方であり、書院は厳しい自然の中に作られた建築であるという対比。自然と人間が共に住まう学びの場としての書院に、儒教が大きな意味を持つことも空間からヒシヒシと伝わってきました。

アン　（日本語で）そうですね（笑）。私は韓国に住んでいるので、山がそばにあることを当たり前のように思っています。でも、地方に行って風景と同化した建物を見ると、自然と建築の関係についてあらためて考えたりします。身近にあっても気づかないことがたくさん存在するんだなと悟るのです。今回光嶋さんと安東を訪れて、それをさらに強く感じました。

日本は特に災害によって自然が大きな恐怖の対象になる可能性があります。前回の日本での対話で、光嶋さんが私に「災害に対してどのように考え、備えていますか」と問いかけました。実は、私は答えることができなかったのです。言葉を返せなかったのは、韓国はあまり大きな自然災害の経験がなく、日本に比べると地震などに備えた建築基準が多くないからだと思います。

日本ではその後、熊本でも大きな地震が起き、今、光嶋さんが関わっているプロジェクトのクライアントも被災地の近くにいらっしゃるとうかがっています。そのように何度も大きな自然災害を経験しながら、建築家として、または日本人として災害に対してどのように考えているのか教えてください。

光嶋　僕は神戸に「凱風館」を作り、東京と神戸に住んでいます。神戸では一九九五年に阪神大震災が起きました。だから、自然というものは見て美しく、我々人間に生きる力を与えてくれるけれど、それと同時に制御不能な大きな力を持っていることを僕は知っています。建築技術はどんな地震にも耐えられるように強く進化しているけれど、「決して完璧な建築など存在しない」と肝に銘じています。安全で美しく完璧な建築が存在すると思うのは、人間の傲慢というか。東日本大震災の津波も熊本の地震も、常に自然というか地球というか、災害と隣り合わせにいるという意識ですね。「建築は完璧ではない」。そう考えています。

建築のデザインとか安全性ももちろん大事だけれども、人間が建築の中に住まうという前提で考えると、自然との付き合い方というのは、冒頭の僕のミニレクチャーで話した「生命力を高めること」と一緒で、自分の身体感覚を研ぎ澄ますことでしか生き延びる力を磨けないのではないかと思っています。地震に対して強い、小さい窓しかないコンクリートの建物を作る。あるいは津波に備えて高い建築を作る。それは、その災害だけを思えばベストかもしれません。だけど、そこに住まう、生きる人たちが安全になるために避難する、協力し合うなど、そういう人間としてやるべきことは、「津波のレベルより高い建築」、あるいは「どんな地震が来ても耐えられるコンクリートの固まり」とは違うところに正解があると思っています。

アン　災害について私はよくわからないのですが、特に建物は安全を最優先にするもので、安全性を強調するのは非常に大切だと思います。とにかく自然との関係においては、私たちがどのような姿勢で臨んでいるかが一番大切です。韓国人と日本人の自然に対する態度は、まったく異なっているのではないかと思い、質問させていただきました。

　私はこんな話をしたことがあります。ソウルで「この街のランドマークは何か」と聞けば、六三《ユクサム》ビルや南山《ナムサン》タワーを挙げる人が多いのですが、実は私にとってソウルで一番目立って見えるものは山だったんです。

　北岳山《プガクサン》、仁王山《イナンサン》、南山。ソウルはどの方角を見ても風景の中に山があります。私が建築家だからランドマークといえば建物を挙げると思っていた人達は、みんな「そういえば、山に囲まれていますね」と驚くんです。それぐらい、山は近くにありながら気付かない、空気のような存在です。日本は富士山も活火山だし、地震や火山の噴火も起きるので、人々の発想自体が韓国とは違うのではないかと気になります。これをどのように考えればいいのか。これは質問ではなく、私の個人的な考えです。

光嶋さんのお話の中で、「生命力のある建築」という言葉がありましたが、私の場合は、まだ若輩者で学びが少ないせいか、その言葉を言うこと自体がとても難しいと感じます。私は建築をデザインし、その後それを使うのはクライアントや別の人なので、私が生命力を吹き込んだとは言えないような気がするんです。生命力を与えたいけれど、どうやったらできるのか。そんなふうに思ったりもします。

設計を終え、そのすべてを建築主に渡した時、すごく恥ずかしく申し訳ない気持ちになります。「もう少し上手にできたのではないか」と。そして、「果たして、私はいいものを作っているだろうか」と思い悩みます。光嶋さんも大学で教えていますが、私は学生たちと話す時も、学生たちが作品を見せに来る時も、「上手だとか下手だとか、私が判断する基準とは何だろうか」と考えたりもします。

もちろん、今おっしゃった生命力というものは非常に重要ですが、あまりにも相対的であるため、その基準を決めることができません。私は修士課程を外国で取得し、海外で働いたこともあります。先ほどのような話をすると、欧米人たちから「君はすごく東洋的だね。配慮するフリはやめて。臆病すぎるのでは？」などと言われました。日本人も誰かにぶつかると「すみません」と言うように、文化的に配慮を大切にしている国ですが、クライアントの関係や学生たちとの関係をどのように考えているか、教えてください。

光嶋　まず僕は日本人ですが、アメリカで生まれ、人生三七年の十五、六年は海外で過ごしています。僕は典型的な日本人ではありません。

僕にとって最初のクライアントは、内田 樹先生でした。十年前に内田先生の本を読んでいてファンだったんです。早稲田大学を卒業してからドイツの設計事務所に行き、そこで四年間働いて「三〇歳までには独立するぞ」という思いで日本に帰ってきました。アンさんも先ほどおっしゃたように、僕が今「生命力のある建築」というテーマにたどり着いたのは、ずっと悩んでいるからです。「こうやるべきか、ああやるべきか」とnever enoughで考えるから。最近になって「生命力のある建築が、豊かな建築の一つの新しい可能性ではないか」と思うようになりました。

三〇歳の時に帰国して最初にしたのは、名刺を作ることでした。友達、先輩、政治家のパーティなど、ありとあらゆるところに行って名刺を配りました。その時は打算的にというか、計算をして、「この人に会ったら、もしかしたらクライアントになってくれるんじゃないか」と思っていました。でも、二年間、いっさい仕事はありませんでした。

そんな中、内田先生の本を読んでいたら、表紙を僕の知り合いの画家が描いているのに気づいたんです。その画家の先生に電話をしたら、内田先生を紹介してくれました。内田先生に会いに行った時に「道場を建てたい」とおっしゃったので、「僕は建築家です」と言いました。二年間、散々色々な人に会って「仕事ください」と言っても誰にも会えなかったけれど、こんな感じで内田先生に出会い、たまたま先生が「道場を建てたい」と。内田先生だけは違ったんですよ。

ところが初めての建築なので、自分には自信がない。先ほどアンさんが言っていたように、僕も自信がありませんでした。だから「これはコンペですか？」「何人かの建築家に頼むんですか？」と言ったんです。そうしたら、僕だけに依頼をしてくれたんです。「まだ何も建てたことないんですよ。絵ばっかり描いていたんですよ。」と言ったのに、内田先生は「初めてだからいいんだよ。だから頑張ってくれよ」と、むしろ背中を押してくれました。今まで名刺を色んな人に配って打算的にプロジェクトをもらおうとしていたけれど、「あ、これじゃダメだ」と思いました。

自分がしっかりと立って、自分の思う建築を語っていれば、出会うべくして出会うという。

「ご縁」という言葉が仏教にはありますけど、内田先生とのご縁が僕の人生を変えました。

学生と過ごしているのも一緒です。僕が初めて先生になったのは五年前、三二歳の時でした。その時にはまったく自信がありませんでした。つい最近まで学生の側にいたのに、先生の側に来てもいいのかと。でも、先生になっても別に何も変わらないですね。学びの構造というのは、Aというものを A と伝える知識の交換をしているのではない。僕が生命力のある建築、あるいは自分が思っていることを学生に向かって言うことで、自分が普段実践していることと照らし合わせて建築について考えることができる。それのローテーションですね。むしろ学生に僕が知らないことを教えてしまっていることもあるんです。本は読者が読んだことにより完成するし、学びは先生と生徒の関係によって成立する。建築はそこに人が住むことによって成立するんです。そのことを実践し続けながら「生命力のある建築」というテーマを最大限投げかけて、深く発見していきたいと思います。

アン　Good!　でも、それでも利己的なのではないかと、私は悩むのです。学生やクライアントたちに対し「これが正しいんだ」と強要する瞬間というのはどうしても生まれますよね。

光嶋さんは独立しようと思って一人立ちされたわけですが、私の場合はいつの間にか知り合いから「こんなプロジェクトをやってみないか」と声をかけられ、「自分にできるのだろうか」と思っているうちに実際に作ることになり、自然に独立を果たしました。そしてその建築物を見た他の方が「これもやってみないか」とオファーをしてくれました。すべての瞬間にベストを尽くしているにもかかわらず、私もやはりnever enoughと感じます。ずっと満足することなく、自分自身に「これが正しいのか？」と問いかけてきました。相手が学生であれ、建築主であれ、その人に伝え、決定を下すことが最善だと答えを出しながら、果たしてそれで合っているのか、と。

私がこのような対談を「不思議な感じがする」と初めに口にした理由の一つは、建築家はそんなにすごい存在だとは思わないのに、このような場に座って日韓の建築について話すようにと言われたりするところ。それでも、とにかく自分のためになるような気がしたので、ここに来て話すことにしました。先ほどの質問は、日本も似たような東洋文化圏なので、どうすればもっと自信を持つことができるのか、どうすればもっと相手とコミュニケーションを取ることができるのか、気になったから聞いてみました。

私がこの学校で教え始めて三年になります。最初は気づかなかったけれど、少し経つと、私と話す時に学生の手が震えているのが目に入るようになりました。私も少し前まで彼らと同じだったのに。学生たちが私と話す時になぜ震えるのだろう、理由があるのだろうか、と。小さなことですが、何かが怖くて震えてしまうのではないか。そんなふうに思いました。最近日本で災害が起きたためか、色々な考えが心の中で交錯する瞬間があります。

光嶋　建築は制約を与えてしまうし、エゴがあるのは間違いないと思っています。ただ、建築には相反するものを同居させる力があるとも考えます。広いんだけどすごく親密に感じる。あるいは、新しいけど懐かしい。そうした何かわからないもの。今、アンさんが語ってくれた部分は、まさにその葛藤を続けることの意味と一緒だと思うんです。ルートヴィヒ・ウィトゲンシュタインという哲学者は「語れないことについては語るな」と言っていますが、僕は語ることで次なる答えに近づこうと思っています。

アン　That's what I'm speaking!（それこそまさに私が言おうとしていたことです）。

光嶋　自信を持てるようになったのは、名刺をただ配っていた二年間があったからだと思っています。なぜなら、あの時は色々なことを打算的に考え過ぎていたし、何でも人と比べていたんですね。仕事をとっていた若手建築家に対する悔しい思いや嫉妬もありました。そうしたものが無意味だということに気付きましたね。人と比べなくなったことが、自分が変わったきっかけです。先生になったり、仕事のオファーが来たり、ご縁で仕事が回るようになりました。もしかしたら五年前に凱風館が初めて完成し、合気道を始めたからそういうふうに思うようになったのかもしれません。だから、アンさんも合気道やりましょう（笑）。合気道では断定するんです。「お稽古をして上達する」と自分で断定する力が大事なんです。

アン　そろそろ終わりの時間が近づきました。最後に、私たちが昨日一緒に安東を回りながら語り合ったことについて紹介したいと思います。

日本での対談で、光嶋さんはこんなことを言いました。「韓国や日本をはじめとする東洋には、昔は建築家という職業の概念は存在しなかった。建築家とは、もともとは西洋から来た職業なのだ」と。ところが私たちが訪れた場所は、韓国では書院、日本では伝統的な庭園と、いずれも古い建築だったのです。「建築家が存在しなくても、こんなに立派な建物を作ることができるのですね。だったら、建築家を名乗っている我々の役割とは何なのでしょうか。建築家という職業は西洋から入ってきたものですが、建築家という仕事をするのは正しいことなのでしょうか」。こんな質問を投げかけてみました。

建築家は社会的な役割を要求される職業です。でも、私達が生きている文化的な背景の中では、建築家は特別な待遇も受けられず、私たち自身も建築家の地位に対して疑問を持っています。質問に対する答えはないのですが。私も何か素晴らしい仕事をしているようにも思えますが、実はたいしたことがない。たいしたことがないように見えるけれど、実はすごく勉強が必要な職業でもあります。二人で話をしながら、建築家のこのような二つの面が見えて、面白かったのです。

建築家の役割が何なのか、私にはまだわかりません。建築とは、社会的で、公共のためのもので、多くの目に触れるもの。私的な家を建てたとしても、その役割は同じ。そんなことは誰でも勉強して知っています。そうではなく、骨の中から湧き出るような内在された役割とは何なのか。その答えを求めながら、この対談を終えた数年後、また光嶋さんとお会いできたらうれしいです。

この問いについて、学生のみなさんもぜひ考えてみてください。最後に光嶋さんから、日本における建築家の役割についてお話いただけますでしょうか。

光嶋 伝えたいことが二つあります。一つ目は「医者と弁護士と建築家という職業は、西洋ではすごく高い地位にある」ということです。しかし日本では建築家という職業はもともとなく、西洋から輸入されました。でもよく考えてみると、医者や弁護士が仕事をするのは、自分のクライアントの人生の状態が悪い時ですね。病気をしている時、あるいは事件に遭って弁護士に助けてもらいたい時。一方、建築家と仕事をするクライアントは、人生のいいタイミングにいる人達です。お金や土地を持っていて、ここに今から建築を作るという人達。弁護士と医者は、病気あるいは事件で不幸な人を幸せにするから、「あ、お医者さんありがとうございます。弁護士さんありがとうございます」となります。だから弁護士と医者に建築家はかなわない。建築家は、すでにクライアントが幸せなところから仕事がスタートするから、難しいですね（笑）。

そんな中で二つ目。建築家は何かを作る、生み出すという仕事なので、ある意味ではクリエイションをする神の視点にいます。神の視点で何かを作ることを求められつつも、実際は我々も市民の一員であるという。社会をより豊かにするために何が必要か、一市民として感じたものをクライアントと共有しながら、その建築の空間の中に形にしていけるのではないか、と思います。どういう豊かな社会があるかを一緒に考える楽しさというのは、正解がありません。その場所、その時代、色んな歴史や文化といった要素を一つの建築にすることができるんじゃないか、と。僕は何かわくわくするような、生き生きした空間を作ることを目指したいと現時点では思っています。

アン ありがとうございます。以上で対談を終わりにします。光嶋さんもしくは私に聞きたいことがある方はいらっしゃいますか。

観客① 光嶋さんに二つ質問があります。冒頭のミニレクチャーで、欧州への旅行が建築の道に進むきっかけとなったとおっしゃいました。確か、安藤忠雄さんもヨーロッパ旅行で何かを悟り、建築家になったと聞いたことがあります。自国の建築ではなくヨーロッパへの旅にインスピレーションを受けざるを得ない、特別な理由があるのか気になります。

また、合気道を習えば「強くなれる」という信念を得られるとお話されましたが、光嶋さんは、学生たちを建築的に強くするためには、どのように教育したらいいと考えていますか。

光嶋　多くの建築家がそうであるように、「建築とは何か」を考える時に、昔からずっとあるものを求め、その結果僕にとってはパルテノン神殿が最初のスタートであったのではないかと。「日本人だから」とか、「自国の国」というアイデンティティよりも、建築された空間はもっともっと古い、日本とか韓国とか国という概念がない時から存在していました。その根源に向かって建築家は旅をして、何かを考える。安藤忠雄もパルテノン神殿に行ったのはもちろん僕も知っているけれど、「だから俺も行こう」と思ったわけではまったくないんですね。そうじゃなくて、「建築とは何か」、「空間とは何か」と考えたら、日本人というアイデンティティよりも、人間がまだ人間じゃない、言葉も持ってない、洞窟の中で生きていた頃にさえあったような空間へと順に思いを巡らせていったところ、最も古いものの一つとしてパルテノン神殿にたどり着いたのです。

二つ目の質問ですが、合気道は自分を強くするための武道ではありません。自分が持っている気、フィーリングとか身体感覚。例えば柔道とかボクシングは、「一」というパワーを僕が持っていたとして、アンさんも「一」を持っている。それで〇・八、〇・七、〇・六、〇・五とパワーが減って、バーンってダウンさせたらボクシングではウイナーというわけでしょう？　で、ルーザー（笑）。

合気道は、ボクシングとは違って、まず試合がない。強弱を競わないんです。「一」というパワーと「一」というパワーが合体して、瞬時に「二」になる。気を合わせるんです（＊6）。「自分の感覚をもっと研ぎ澄ますんだ」と断定してお稽古して、深く呼吸をします。だから決して比較するものではないです。僕はアンさんよりも強いとか、誰々よりどうこうじゃなく、昨日の自分よりも少しだけ気持ちよくなればいいなとか。昨日の自分よりももっと集中できるといいなとか。自分の感覚を研ぎ澄ますのです。

決して人と自分を比べて「俺は強くなれる」とかではない。合気道家が鉄砲を向けられたら、避けられるとか、そうじゃない。合気道家は鉄砲を向けられるような場所にそもそも行かない。だから旅をしていると「あ、ここの道は危なさそうだな」と思うと、その場所には行かない。その感覚、フィーリングがすごく大事です。身体感覚として直感を大切にするということ。

観客②　兵役中に光嶋さんの本を三回読み、すごく感動しました。旅についての話や、旅の前、旅の途中、そして旅行後に描いた絵が

＊6　気を合わせるんです
「合気」とは気を合わせること。体の中に流れる気を感じ、自分の中心と相手の中心を合わせてゆく。相手と気を合わせてこそ、技をかけることができるという。ちなみに光嶋は合気道の有段者でもある。

印象的でした。

「生命力のある建築」についてうかがいます。自然の力は恐ろしく、数世紀の間で自然は変化してきました。私は自然の中に何か特別な力があると考えています。そのような生体原理と建築家の関係性についてどう思いますか。生体原理とは、自然から受けている原理のことです。

光嶋　自然と対立せず、自然をコントロールしようとしないで、自然と寄り添う建築。そんな「生命力のある建築」を作りたいと思っています。そのためには従来とは異なるものを作るのでは決してなく、自然から学んだものを建築の中に取り込む必要があります。

例えばガウディが重力を形にしたアーチをサグラダ・ファミリアに使ったり、木が生えている姿からインスピレーションを受けたように、自然から学んだものを建築の中にどんどん落としこむことによって、自然と一緒に同居していく、調和していくような建築が作れるのではないかと考えています。

僕は生命力という計れないものを建築のお手本にしたい。でもそれは必ずしもずっと残ればいいというもののわけでもない。凱風館も、もしかしたら五十年後、百年後には違う形になっているかもしれません。それはそれで良いと思います。人がずっと使い続けて、僕らの子供や孫がずっと凱風館を大切にしてくれたら、凱風館そのものがどう変わっていても構わない。そこに生まれたものがずっと残っていくのが人だと思うので、そうしたものをちゃんと伝えていく。そのために本も書いています。

観客③　韓国と日本で対談を終えた感想を教えてください。

光嶋　アンさんとは同世代、アンさんのほうが三つ歳上なのでお兄ちゃん、ヒョンです（笑）。同世代であり似ている。似ているんだけど違います。見ている方向も考えているスタンスもそれぞれ違うけれど、一緒に山登りをしている感覚です。きれいな道があったり、草むらがあったり。頂上を目指すというのは建築家として良い建築を作ることなのか、人間として魅力的になることなのか——。山を登っているということはきっと一緒なんじゃないかなと思います。

今回対談をして日本と韓国を共に見て、同じ、あるいは違う部分というのはすぐにはわからないんだけれども、仲間というか、同志に出会えたことで、明日からの自分の日々の仕事を、頑張れるようにしたいと思います。あと、今日言ったことを責任持って実行できるように生きたいです。だから今こうだという答えはありません。ちょっとずるいんですけど。

アン　私も似ています。日本はとても近くて遠く、遠くて近い国です。似ているけれど異なると感じる日本。国家の問題や自然の問題など色々ありますが、私が質問に対する光嶋さんの答えを聞いて「ああ、こんなふうに考えられるんだ」と学ぶことができた良い機会となりました。私も答えを出すことはできませんし、このような対談を学生たちの前でやることになったのには何か意味があるのか。悩み続けています。今日は対談の間ずっと上手く整理できないまま言葉を投げかけています。申し訳ないと感じつつ、それもまたハプニングの一つだったと思います。

観客④ お二人の対談はこれで終わりですが、新たにトークイベントをするとしたら、どんなテーマで話してみたいですか？

アン もう一度対談するなら、二人とも学生を教えている上に、光嶋さんも私も三年生の担当なので、学生たちも一緒に話し合うのもいいかなと思います。「教えている学生同士の対話もいいですね」と、光嶋さんとも話していたんです。

光嶋 人を巻き込んでいくのは建築家の特徴ですから（笑）。今度は対談という形よりも、一緒に何かを設計したいですね。一つの建物を作って。たぶん喧嘩になりますけど（笑）。それも含めて何かを一緒に作るというのも良いと思います。今回の対談というのは、あくまで「言葉」で、でしたから。「空間」を扱いながら共同作業ができたら面白そうですよね。

第4章

小説家
チョン・セラン
×
朝井リョウ
小説家

第１幕

1st TALK SHOW @ KOREA
2014年6月22日(日)
12:00 ～ 13:00
ソウル国際図書展会場にて

「ソウル国際図書展2014」に合わせ、
韓国で封切られたばかりの『桐島、部活やめるってよ』の
特別上映会とともに行われた対談は、
国際交流基金ソウル日本文化センターにより
主催されました。SNS時代の若者と小説についてなど
リアルな話題はのびのびと広がります。

司会　朝井リョウ先生の文学作品には、日本の若い世代がどのような考えを持っているかが描かれています。韓国を代表する若手作家、チョン・セラン先生には、韓国の若い作家と若者を代弁して、韓国の若者がどのようなことを考えているかをお話しいただきたく思います。チョン先生、まずは、今日初めて朝井先生にお会いになられた感想はいかがですか？

チョン・セラン（以下、チョン）　朝井さんの小説を読んだ方はご存じの通り、とても洞察力に優れている方なので、私の嘘の部分や虚飾的な部分が深く分析されてバレるのではないかと少しビクビクしていたんですけれど（笑）、朝井さんはとても気さくな良い方でした。ストーリーを書くのが上手な作家はたくさんいます。でも、ストーリーの周辺の空気をうまく捉える作家は多くはありません。朝井さんはそういう面でもとても優れた作家でいらっしゃって、あらすじとして要約してしまうのが難しい、精巧な小説を書かれます。ですから、皆さんにもぜひご自身で直接読んでいただきたいです。

司会　朝井先生は、日本でもこのようなイベントで直接読者と会ってお話しすることはありますか？

朝井リョウ（以下、朝井）　日本でもこのような機会はありますが、その場合、大袈裟に好意を伝えられるというよりは、謙遜の文化だからなのか、小声でこっそり感想を伝えられることが多い印象です。韓国の読者の方は感情を思いっきりぶつけてくださる感覚があって、今日もこんなふうに拍手をたくさんして迎えていただけて、本当に嬉しいです。自分もこれから好きな小説家には大袈裟に気持ちを伝えようと思いました。セランさんは読者の方とたくさん交流されているということをうかがったんですが、普段からこういう読者の方とのトークイベントのようなことをされているのですか？

チョン　はい。実は、私もかなりの照れ屋なので、読者の皆さんが直接私を見てがっかりされないか心配です。「あの人の本だけ読んでいる方がはるかに良かった」なんて言われないかと思って。それでも、ぜひ会ってみたいという思いが強いんです。私は、自分の一番大切なもの、つまり〝自分の内面〟を作品に入れ込もうという思いが強いので、「どんな方に読んでもらえているのか」がすごく気になるものですから。私のファンだという読者の方々は親切な女性が多いみたいです。親切なお姉さんたちのために小説をたくさん書かせてもらわねば、と考えています。

司会　チョン先生の作品『이만큼 가까이（＝アンダー、サンダー、テンダー）』（＊1）では、デジタル一眼レフカメラで身近な人たちの生きざまを捉えている描写がありますし、最近の若手作家たちは若干〝映画的〟なテクニックを用いる傾向にもあられるようですね。

チョン　私も、典型的なテクニックからは逸脱した小説をコンスタントに書いてきました。朝井さんの小説は『桐島、部活やめるってよ』が実際、映画化されましたね。日本では相当人気を博したとうかがったのですが、韓国での封切りを前にその本を読みながら、気になったことがあります。「この人が小説を選んだ理由は何だろう?」って。別のメディアでもこのストーリーは十分表現できるのに、映像がもっとも注目される時代にあえて小説というメディアを選んだ理由は何なのか一度お聞きしてみたかったんです。

朝井　選んだというよりは、はじめに試したのが小説だった、という点が大きい気がします。私もセランさんと同じように、四、五歳の頃から小説を書き始めていました。その頃はパソコンも使えないですし、映像や音を記録するということも思いつかないですし、紙とペンしか使えるものがない。こう言うと消去法みたいに聞こえてしまうかもしれないですが、結果、全責任を自分で負えるという点で、小説を選んでよかったと思っています。

＊１『이만큼 가까이』＝『アンダー、サンダー、テンダー』
舞台は20世紀末の北朝鮮と接する町、坡州。彷徨しながら大人になった高校の同級生６人の青春群像劇。この対話より後で邦題『アンダー、サンダー、テンダー』(クオン)としての翻訳版も生まれた。写真は原書の韓国版。(チョン・セラン著／創批)

チョン　私も同じように思います。これが一番お金もかからず一人でできる作業なので、自由に制約なく書くことができると思うのですが、同じ感覚を持っているようでうれしいですね。

作家には「文学は宗教だ。私の絶対的な偶像だ」と考えている人もいれば、もっとクールな関係の方もあるようです。朝井さんと文学の関係は、あまりベタベタせずサラッとした感じだという話もちょっとうかがったことがあります。

朝井　自分でもそういうふうに感じます。小説と自分の関係は切っても切れないものだとは思うんですけれど、絶対神のような気持ちで向き合っているというよりは、先ほどおっしゃっていただいたような、お互いに依存はしていない関係なのかなと思います。それは、恐らく、小説以外にも好きなことがあるということが大きいと思っています。セランさんも、歴史がすごくお好きだとうかがっています。小説以外にも好きなことがあるので、きっと私と同じような距離感で小説と向き合っているのかなと感じていました。

チョン　いつか、私たちで韓国・中国・日本の作家が結集して一冊の本にしようという話もいたしました。

司会　皆さんの中にもお読みになった方がいらっしゃるかと思いますが、韓国のコン・ジヨン先生と日本の辻 仁成先生が『愛のあとにくるもの』というコラボレーション作品を書き、ラブストーリーを男性主人公と女性主人公の立場からそれぞれ書きました。お二人で一度そういうのをやってみてはいかがでしょうか。

チョン　作品を読んだ方はお気づきかもしれませんが、私たちは二人とも、主人公を草食系とすることが多いです。情熱的ではありません。だから、この二人の間で情熱的な話が生まれるでしょうか（笑）。

朝井　では、私が女性目線で書いて、セランさんが男性目線で書くということで、そのあたりをうやむやにしませんか？（笑）　セランさんは男性目線と女性目線、どちらの方が書きやすいですか？

チョン　女性目線のほうが書きやすかったのですけれど、最近は、自分の弟だったらどう行動するだろうかと考えながら書いていたら、男性目線のほうが書きやすくなりました。だから、今は男性目線で書けますね。

朝井　私も姉がいて、その影響で女性目線の話を書きやすくなったので、やっぱりすごく似ていますね。合作したら同じものが二つ生まれてしまうかもしれませんね。

チョン　私は高校の時にバレーボールの選手だったんです。『桐島、部活やめるってよ』（＊2）の小説ではバレーボールの話が出ますよね。だから、本当に似ているなあと思いました。生ま

＊2『桐島、部活やめるってよ』
バレー部主将の退部を機に同級生5人に起きた変化を、繊細な筆致で綴る。早稲田大在学中に執筆したデビュー作。（朝井リョウ著／集英社）

れた国は違っていても似たような人生を歩んできたのかなと思いました。

一時期、韓国の若手作家と作品の間で、ある共通した挫折感が扱われていると感じる時期がありました。私たちの世代は、自分のポジションを見出せずにつらい時期を送ったため、小説も多少そうなっていたみたいですね。日本の作家の作品を見たら、似たような問題で悩みつつも相当陽気な部分があります。権威的なものからはかなり脱していて、自由さを感じました。そうすると、日本の作家たちの当面のテーマは何なのかな、と気になります。

朝井　そうですね。私が日本で実際に暮らしていて感じるのは、「自分とは何なのか」ということを考えすぎるあまり、他者に対して排他的になってしまうというか、自分を確立するために他者を下に下げるというようなコミュニケーションのやり方が増えてきてしまっているような気がします。それは、SNSが流行している中で生まれてきたものなのかなと感じています。自分を客観的に見られるようになってしまった、その可笑しさのようなものを小説の中でも表現していきたいと思います。

チョン　『何者』（＊3）を見ると、ツイッターの書き込みに出没する、ある人物と実際のその人物はかけ離れていますよね。普段から陽気で明るいとか、あるいは自分を買いかぶっているとかといったことが、とても上手く描かれています。興味を持たれた方々には相当楽しく読んでもらえるでしょう。けれども若干、鳥肌が立ちました。SNSに表れる現象として、その人本人とSNSが近くないんですね。朝井さんは作品だけでなく、一個人としても日本中から注目されています。人気者だから小説以外でも注目されて、そういう面でプレッシャーになっていらっしゃいませんか？

朝井　例えば、テレビに出させていただいたりする時も、ある意味SNSと同じで、僕のとてもいい部分だけを抽出してテレビに出しているというところがあるので、そこだけを見て判断されるということに対して恐怖を感じることがあります。氷山の一角しか他人に見せられていないなっていうところがあって、それ以外の部分をいかに小説で表現していけばいいのかなということを、今とても考えているところです。セランさんの作品の資料をいくつか読んで、『アンダー、サンダー、テンダー』という作品に関してはセランさんの内面にとても近いものが描かれたのかなと感じました。また、『八重歯が見たい』（＊4）という作品に関しては作中作が九つあり、これはセランさんの中身と言うよりはフィクションとして作り物にこだわって書いたのかなと感じました。内面にあるものをリアルに描き出したいという思いと、フィクションとして完成度の高いものを作りたいと

＊3『何者』
SNS世代の大学生の就活物語。本作で直木賞を受賞したことにより〝初の平成生まれ直木賞作家〟と呼ばれるように。（朝井リョウ著／新潮社）

いう思いと、どちらがエンジンになっていますか？

チョン　私もしょっちゅう悩まされていますよ。現実の世界そのままでは魅力に欠けるのではないかと思いますし、そこで私の用いる方法は、一人の人物像を作る際に友達や身近にウォッチングした人たちを五人ほどシャッフルすることです。そうすると、相当現実味がありながらもユニークな人物になってくれるのです。五人も合体していますから。だから、組立てパズルをしているような、レゴブロックを組んでいるような。現実とフィクションの狭間で多少プレスをかけると、もっと個性の強い人物になりますね。

朝井　私も、現実をそのまま書いてしまうと魅力がなくなるというか、小説として読んだ意味がなくなるということを最近考えるんです。日本の小説は「リアリティ」や「いかに共感できるか」という点が重要視されている気がします。私は自分の知らない感情が書かれているような、共感できない作品もフィクションとして完成されていれば大好きなのですが、自分からはみ出ることが書かれた作品への風当たりが少し強すぎる気がしています。韓国の小説の読者の方はどのようなことに観点を置いて小説を読んでいるのでしょうか。リアリティなのか、フィクションとしての完成度の高さなのか。

＊4『八重歯が見たい』　八重歯が美しい女性作家が文を校正すると元カレの体に文が浮かぶ。文が結ぶ恋人たちに訪れる意外な展開が話題に。韓題は『덧니가 보고 싶어』。（チョン・セラン著／ナンダ）

チョン　私が思うに、今も韓国における文学は多少の重苦しさがあるみたいです。もし陽気で明るい内容だとかスピード感があるとかばかりが言われれば高い評価は得られない、というのが現実なんですね。若手作家が次第に増えてきて、これからは少々変わらなくてはならないし、変わるはずだという気がします。そういう面で、日本の作家たちとの交流が増えるのではないかと考えていますしね。私が少々気になったのは、朝井さんは既に世代を代表する作家になられたではありませんか。ある世代を代表するという期待を持たれているがゆえに、そうした面でプレッシャーになってはいないですか？　実際、一人の人間が世代を代表するのは容易ではありませんよね？

朝井　世代を代表する作家になったという実感が、自分の中でまったく生まれていないというのが正直なところなのです。私とはまったく考えの異なる同世代が多くいることは実生活の中で強烈に感じているので、世代を代表して書く、という役割をそもそも放棄しているかもしれません。ただ、出版業界全体がものすごいスピードで変わっていく中で、自分が折れてはいけないな、とは感じています。セランさんのように、もっと読者と交流したりしながら、同世代の人達と手を繋いでこの業界を引っ張っていきたい思いはあります。

司会　最後に、韓国の読者に対して、メッセージをいただけますか？

チョン　紹介されるべき作家が、お互いの国にまだきちんと紹介されていないのは残念なことです。読者と作家で、おばあさんになるまで一緒に歩んでいきたいと思います。いい友達にたくさん出会っていきたいです。朝井リョウさんのような。

朝井　個人的に、私は日本という小さい国のさらに小さいところを書いてきた気がしていたのですが、今回韓国という国で、こんなにもたくさんの方とお話をすることができて、もっと自分のミクロな視点を信じてみようと思えました。セランさんをはじめ、話を聞いてくださる方がこんなにいるということに、本当に刺激を受けました。また、日本の小説の読者は、恐らく韓国の読者の方よりも国外の作品に対して目を向けることが少ないのかなということも感じました。今日のイベントを迎えるにあたって、セランさんの作品や資料を読ませていただいたのですが、日本の読者もきっと好きだろうと思うんです。なので、私も含めて、文芸という世界のことを、国境を越えてもっともっと学んでいきたいですね。

第２幕

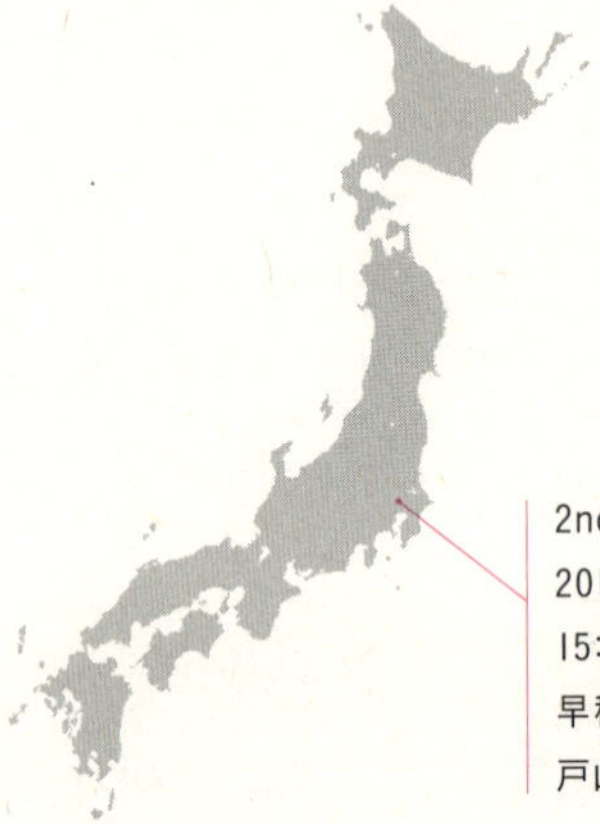

2nd TALK SHOW @ JAPAN
2015年7月20日(月)
15:00 〜 16:30
早稲田大学
戸山キャンパス38号館

ソウルでの対談を経て、約１年ぶりの再会。
お２人の間に流れる打ちとけた空気に
会場に押し寄せた人々の顔も瞬時に
柔らかくほころびます。日韓を代表する人気作家同士の
打てば響くトークは、文芸が新しく担うものといった
深淵なところにも及び……。

朝井リョウ（以下、朝井）　セランさんは出版社で働いていらした経験もあるんですよね。前回対談させていただいた時、韓国の出版業界のことを作家としてだけでなく、編集者の視点でも捉えていて、どんな活動をしたらもっと出版業界が活性化するか、という問題意識をお持ちだと感じました。私は視野が狭い人間で、どうしたら自分が売れるかということばかりを日々考えているので（笑）、反省と共に、とても刺激を受けました。

司会　チョンさんは、もともと朝井さんのファンだったんですよね。

チョン・セラン（以下、チョン）　韓国で翻訳されている『桐島、部活やめるってよ』と『何者』を読んで、お会いする前から、「この人の作品は一生読み続けよう」と心に決めていました。スマートな人は、スマートであることを通り越して時に鋭利になってしまいますが、実際にお会いした朝井さんはジェントルで、ウィットがあり、私のつまらない話もしっかりと受け止めてくださいました。言葉は違っても、本当に友達と話をしている気分でした。

ソウルで、朝井さんが、韓国の読者と出会う場面に立ち会った時のことも忘れられません。まるでファンクラブのような、本当に熱い現場でしたね。

朝井　なかなかお会いできるタイミングがないことを、たぶん読者の方もよく理解されていて、「今日しかない」という気持ちで感想を伝えてくださったんだと思います。でもそれを差し引いても、韓国の読者の方々の、いい意味で遠慮しない、恥ずかしがらずに気持ちを伝える力はすごく強くて、本当にありがたかったです。自分の小説が翻訳されていることは知っていても、実際に別の国の方々に読まれているという実感は、なかなか湧いてくるものではなくて。『桐島、部活やめるってよ』には、タイトルに「部活」というとても日本的な文化が入っています。例えば台湾版では「部活」という言葉がないので（＊1）、「退社」という言い方になっていたりします。

司会　「退社」とは！（笑）。中国語で倶楽部を意味する「社團」という言葉を用いて、それをやめるということで「退社」としたのでしょうね。

朝井　そもそも文化が完全には共有されていない中で、どう読まれるのか不安でしたが、韓国の読者の方々のとても熱い感想に、韓国でも私の文章を読んでくださっているありがたさを、やっと実感できました。

　はじめて日本で本を出した時、すごく個人的なことを書いたつもりの作品に、性別も年齢も違う方々から「自分のことが書かれているように感じた」という感想をいただいて驚きました。そこから、自分の個人的な話であっても、読者の方に共感やメッセージを伝えることは、たとえ国を越えたとしても案外遠くないんじゃないか、と感じられるようになってきました。例えば『何者』は、日本特有の「就活」を描いた話ですが、海外の方からの感想には、ＳＮＳを介

＊1　台湾版では「部活」という言葉がないので＝『聽說桐島退社了』
台湾でのタイトルは右記。同じく部活のない韓国版は『내 친구 기리시마 동아리 그만둔대』。台湾、韓国共に同好会やサークルといったニュアンスのタイトルに訳されている。

したコミュニケーションの変容についての共感が多かった気がします。「意識高い系」みたいな新しい言葉もできて、日本だけの現象だと思っていたものも、別の国では別の名前で浸透していた。ちょっと安心しつつ、絶望もしました（笑）。

チョン　私のまわりでは、『何者』は優れた作品であるだけでなく、読みながら恐怖感を感じたという人も多くいました。うっすらとはわかっていても直視したくないことを、とても鋭くとらえた小説ですよね。『桐島、部活やめるってよ』も韓国で大きな共感を呼んで、ある有名な作家が「今年の一冊は『桐島〜』だ」と話していたくらい、文学界でも大きな反響がありました。

朝井　ありがとうございます、本当にうれしいです。文化の違いへの不安は、今回セランさんの『アンダー、サンダー、テンダー』（＊2）を日本語で読んだことでも、あらためて「心そのものに違いなんてないんだな」と感じました。ソウルで熱い感想をくださった方々の気持ちが、一年越しにまたもう一度伝わってきた感じです。

＊2 『アンダー、サンダー、テンダー』
『이만큼 가까이』の日本語版。直訳すれば「これだけ近くに」だが、もともと作者が考えていたこのタイトルに戻しての出版となった。（チョン・セラン著 吉川 凪訳／クオン）

チョン　『アンダー、サンダー、テンダー』が日本で翻訳されたことが本当にうれしくて、まだ夢をみているようです。日本に来るのは五回目ですが、本屋さんを通るたび、「ここに私の本が一冊置かれていたらどんなに素敵だろう」と考えていました。今日初めて実物を手にしましたが、いざ本を開いてみたら、数ページもまともに読めませんでした。日本語の勉強をもっと一生懸命しておけばよかった、と後悔しています。

朝井　わかります。私は「もしかしたら全然違う小説が収録されている可能性もあるな」と思いながら自分の翻訳版を見ます。

チョン　まさか！　それはないと思います（笑）。

司会　朝井さんは、日本版『アンダー、サンダー、テンダー』に帯文をお寄せになっていますね。「隣国の小説家が描き出す、少年少女の両目に映り得るもののすべて。その世界の手触りに、ここまで共鳴するとは。」と。あらためてお読みになった感想をうかがえますか。

朝井　読んでみて、昨年、なぜ私とセランさんが対談することになったのか、「この二人が話すといいんじゃないか」と思った人がいる理由がわかった気がしました。この作品は、大人になった主人公が十代の日々を振り返りながら、そこにある一つの謎というか事件を、どんどん紐解いていくような形で物語が進んでいくんですが、視点がすごく独特です。十代のことを振り返りながら、ものすごく不穏なものがすぐそばで呼吸をしているというか、すごく幸せなシーンを書いていても、薄皮一枚隔てた向こう側で、それを壊してしまう巨大な何かの吐息がずっと聞こえているような感覚がある。それを独特だと思うとともに、自分も似たような感覚を抱くことがよくあり、何か通じるものを感じました。

司会「不穏なもの」というのは、具体的にはどういうことでしょう。

朝井　主人公たちの住む街は軍事境界線に接していて、物理的にも、自分の文化とは違う何かがすぐそばにあるんですよね。語りの部分でも、十代のみずみずしいきらめいた時間を描きながら、それを語る数年後の「わたし」は何かがすでに壊れている、という不穏な気配が匂わされています。物理的にも、時間的にも、すぐそばに落とし穴がある感覚です。そして文章自体が本当にとても魅力的！　素敵な表現がたくさんあります。特に初恋の相手と初めて体を重ねるシーンには、好きな人とすぐそばにいることを表現するのにこんな言葉の使い方があるんだ、と感激しました。日本人の使う日本語では組み合せられないようなことばのチョイスがたくさん出てきて、それだけでも本当におもしろく感じました。

チョン　本当に正確に読み取っていただき、ありがとうございます。小説の背景が特殊なだけに、日本の読者の方々がその雰囲気をじゅうぶん感じ取ることができるか心配していました。舞台となった坡州《パジュ》は、ソウルの北西にある北朝鮮との国境地帯にある街で、軍事地帯です。私はその近くの街で育ち、大人になってからは坡州にある会社で働いていました。ある日、仕事をしながら窓の外を見たら、顔に迷彩用のクリームを塗った軍人達が草むらを匍匐前進していて、窓一枚隔てて目が合ったことがありました。遠くの射撃の練習場から、射撃音が山びこのように聞こえてきたこともあります。ソウルと距離的には近いのですが、まったく異質の場所でもあって、その雰囲気を、朝井さんが直接来たことがあるかのように理解されていることに驚きました。韓国社会に渦巻いている大きな暴力と日々顔をつき合わせて生きている十代の少年少女達、最も純真である彼らがその暴力の影響力から自由でいられるのかということを、書きながらずっと考えていました。暴力についての話を初恋の話のように書いたような気がします。

朝井　その巨大な暴力は、書きようによってはわざとらしくなったり、わかりやすすぎて受け入れにくいものになってしまったりすると思うんですが、この小説では細かく要素分解されて、そこら中に散りばめられているように感じました。薄い氷の上を歩くように、どこかで奈落の底に落ちてしまうんじゃないかという不安が離れず、「この人達になにが起きてしまうんだろう」と思いながら、最後まであっという間に読んでしまいました。

また人物造形がとても魅力的です。この小説には、同じ学校の六人組と、主人公の初恋相手、メインで七人が出てきます。それぞれ「この人はこういう人で」という説明も特にないんですが、どんな人なのか、読むうちにちゃんと立ち上がってくる。それが、彼女たちと同じ目線で一緒に生きているような感覚を与えてくれて、すごく心地いい。

主人公の初恋の相手は、インドで幼少期を過ごしたという人物ですが、セランさんが昨年末に出版された本も、いろんな国が舞台になっていたんですよね。ある一つの国の中だけでは物語を成立させないイメージがありますが、意識されているのですか？

チョン　親しい友人が世界各地に留学していて、「ああ、友達がこんなふうに世界のあちこちに散らばっていくのが世界化なんだ」と、日頃から痛感していました。ここ東京にも一人留学しているのですが、日本の歴史を学ぶためにやって来たのに、いきなり進路を変更して製菓学校に入学してしまいました。そんな友人達の話を聞いたり、予期せぬ人生の変化を見守ったりすることに、影響を大きく受けているように思います。

朝井　その影響がこの小説をよりおもしろくしているんでしょうね。

司会　登場人物、とくに女性について、韓国の伝統的なキャラクターから距離を置いているような描き方がすごく新鮮でした。

チョン　朝井さんは完全に例外ですが、多くの男性作家は女性のキャラクターを書く時、キャラクターの造形が極めて平面的になるというミスを犯します。私は、型にはまった考え方で話して行動する、薄っぺらで嘘っぽい女性キャラクターが嫌いでした。それで以前から、「私が女性を書く時は、もっと立体的で生き生きしたキャラクターとして描こう」と心に決めていたんです。男性キャラクターも同様に、男性読者が拒否感なく受け入れられるように描こうと努めています。どこかに実際にいそうな人物を書きたいんです。

朝井　確かに私を含め日本の男性作家は、女性キャラクターにすぐワンピースを着せてしまうという病気にかかっています。私もその病気から早く脱したいですね……。

チョン　でも朝井さんの作品の中に登場する女性であれば、たとえワンピースを着ていても、突然表情をガラリと変えてものすごい本音を語り出しそうなので、心配しなくても大丈夫だと思います（笑）。

朝井　ああ、よかったです（笑）。『アンダー、サンダー、テンダー』の語り手の女性が過去を語る時、すごく細かい描写をしたかと思えば、その直後に「でもこんなに細かく覚えているわけない、この記憶はきっと捏造だ」と言いますよね。記憶を美化することを少しも許さない、美化しかけたとしてもすぐにブレーキをかけるところに、セランさんのものの見方と私のものの見方が重なったように感じました。

司会　韓国の小説界では、チョン・セランさんが若手の第一人者として認知され、その上の世代とは、小説の内容や書きかたが変わってきているという話も聞きます。ご自分の世代に、小説で託せるものを、という思いが何かあるのでしょうか。

チョン　市民社会、資本主義社会がある程度発達すると、嫌悪や暴力に対する議論に直面する時期があると思います。日本は一足先に経験したかと思いますが、韓国ではまさに今、私たちの世代がその議論に直面しています。

最近、人々はたやすく「私はこういうものが嫌い！」と声高に話したくなる誘惑に陥っているようで、とても心配です。何かを嫌いだと言うことが、何かを好きだと言うことよりも簡単ならば、それは健康ではないと思うんです。社会を全般的に覆っている嫌悪の感情に、文学界の中も向き合おうとしていて、私もそのうちの一人です。

例えば、「韓国文学は古い、だから読まない！」と一括りにしてしまうのではなく、「私が好きな作家は誰々で、その人の新作が待ち遠しい！」と言うことのできる読者がより必要とされています。そのために、まずは作家が変わっていき、読者に手を差し伸べなければいけないと感じています。

朝井　私も今までの作品で、嫌悪の声のほうが聞こえやすいことについて書いたことがあります。日本でも、とくにインターネットでは、どちらかと言えば嫌いなものについての言葉が多く感じられて、世の中にはそういう感情の方が多いんじゃないかと思える時があります。でもそれは、好きなものについて語る時はそんなに大きな声を出さないぶん、嫌いなものを宣言する声のほうが大きく聞こえてしまうという、一人一人の声の大きさの違いだけなんだと感じます。

司会　その好き嫌いの話と関連して、朝井さんは先日、東京新聞（二〇一五年七月八日夕刊）で、「共感できないことだからこそ、理解しようと思考する」と書かれていらっしゃいましたね。

朝井　私がいただいて最も悲しい感想は「共感できなくて、つまらなかったです」なんです。私は共感できない本に出会うと、自分の輪郭が少し変わった気がしてうれしいんです。自分の知らない考え、まだ辿りついていない何かがある気がして、もっと読んだり、知りたくなったりしますから。「共感できない」と思ってそこで本を読むのをやめてしまうと、自分の形が一切変わらないまま年齢を重ねてしまうんじゃないかと思っています。特に今はネットで検索すれば何でも答えが出てくるし、それが当然になっていて、自分で考えて答えを出すより、誰かが出した答えを見つけるほうが多い。日本の同世代の人達に対しても、自分でものごとを考える機会が減ってきているんじゃないかと感じています。

チョン　何かで読んだのですが、燃え尽き症候群の最もよい治療法の一つは読書で、音楽や映画よりも治療効果がはるかに高いそうです。もしかすると、朝井さんが話されたように、自分自身を発見するのに有効なメディアだからではないでしょうか。その意味で、多様なジャンルが存在し、文学の層が厚い日本の方々は有利ではないだろうか、そんなことをよく考えました。

朝井　確かに、日本の出版業界は〝斜陽〟と言われることが多いですが、文豪と言われるような方々の名前が今でもとても強くて、みんな知っている。夏目漱石や太宰 治のような方々が、今でも新しい読者を獲得していて、私のような世代の作家にも力を降り注いでくれている気がします。ライトノベルやキャラクター小説という比較的歴史の浅いジャンルも新しい読者を多く獲得しているので、確かに層は厚いかもしれませんね。

チョン　内側から見ると状況は違うかもしれませんが、外側から見ると、日本の出版界はとても活気があって、様々な新しいことが起こっている場所に見えます。世界的にも指折りの大きなマーケットがあって、堅実で愛情あふれる読者がいて、本格的な文学作品と大衆的な作品のバランスが良いことをうらやましく思っていました。現在、出版産業が厳しいのは全世界的な潮流ですが、健康な体質を培ってきた国ほど、危機をうまく乗り越えられると思うんです。

朝井　日本では、「電車に乗れば本よりもスマホの画面を見てる人の方が多い」と言われたりもします。もちろん、短い文章に慣れすぎてしまったり、小説のようにすぐ答えは出なくても長期的に自分の人生に影響するようなものをきちんと味わう余裕がなくなってきているのかな、とは思いますが、何か文章を読みたい、おもしろい情報に触れたい、という気持ちが減っているわけじゃなく、ただ競合相手が増えている状態だとも取れると思うんですよね。だから日本の作家の中には、本という形を残していくことに挑戦しつつも、それ以外で小説を読んでもらえないかと、有料のメルマガなどを開設する人も増えてきました。

チョン　韓国の場合は、そのうちウェブ小説が主流になるのではないかと予想しています。その流れは、まだ純文学にまでは及んでいませんが、時間の問題だと思います。だんだん紙の本、物質的な形態が重要でなくなってきているようで残念な気持ちになることもありますが、形態が変わったからといって小説の価値が下がるとは思いません。私も数年前から電子書籍で本を書いていますが、紙の本とはまた違った魅力がありますよね。特に旅行の時など、電子書籍は十冊分入れても二〇〇グラムですから、本当によい同伴者です。技術の革新が新しい読者を惹きつけてくれたらいいなと思います。

朝井　日本では新しいものを怖がる気持ちが強く、ウェブ小説や電子書籍への抵抗もまだ感じますが、それは単純に慣れの話ですよね。今、学校で試験的に電子教科書を使っていたり、家で電子端末を使って宿題をしたりしている小学生からしたら、ファーストタッチが電子なわけですから、電子端末で本を読むのは当然のことになっていきますよね。十年後、二十年後、彼らが二十代三十代になる時に、きちんと電子の形、その先の新しい形で小説が読まれているように、私たち世代の作家で頑張っていかないとな、と思っています。

チョン　ところで急に思い出したんですが、以前ネット上で、日本では履歴書を今でも手書きで書いているということが話題になりました。みんなびっくりしたんですけども、本当なんですか、それは？

朝井　本当です。手書きであることによる愛みたいなものを信じている人がとても多いんです。愛、あの、ラブです（笑）。「時間と手間をかけたものの方がすごい」みたいな。韓国ではもう履歴書は手書きではないのが普通ですか？

チョン　韓国では履歴書をデジタル化して十年近く経ちました。今となっては、手書きで書いていた履歴書の記憶もおぼろげですね。

朝井　本当ですか！　羨ましい！

チョン　便利ではありますが、手書きにもそれなりの長所がありますよね。私の周りには万年筆を愛用している人が多いのですが、日本の万年筆のインクはとても人気があります。時にはデジタル化されていないもののほうが、ロマンがあって素敵だと思います。

朝井　そのバランスですよね。残すべき手書きの文化もありますが、別にそうじゃなくてもいいところにも手書きの文化が残っているのが日本なのかなと思います。何かを判断する立場にいるような人は、新しいものを取り入れることに対して怯えてしまうんです。

チョン　ただ、新しいものに対する拒否感がなさすぎると、古いものを大切に保存できないことにもつながりますし、日本と韓国の中間くらいのバランスがいいんじゃないでしょうか。履歴書に関してはなんとも言えませんが（笑）。

朝井　たぶん、今日聴きに来てくださった大学生の方は、これから手書きの履歴書に何時間も時間を割くというたいへん不毛な時間を過ごすことになると思います。いまだにそうなんですよ。一文字でも書き間違えたらまた始めから書き直さなくちゃいけないんですから。あまりにも非合理的ですよね。言ってやってくださいよ、ほんと（笑）。

司会　思わぬところで韓国と日本の文化の違いがあらわになりました（笑）。さて、お二人は今後どのようなものを書いていきたい、どう活動されていきたいと考えられているんでしょう。

朝井　先ほど「日本人は新しいものに怯える」と話しましたが、私自身がそうなんです。世の中に新しいものが出てくると、水面に石を投げた時のように周囲が揺れますよね。そのなかの怯えや、怒り、違和感について深く考えていくと、投げられたものがどんなに新しいものでも、すごく原始的で普遍的なものが現れる。そこにいつも小説としてメッセージを見つけ、書いて、差し出しているような気がしています。

同時に私は、小説の〝コーティングする力〟も大切だと思っています。例えば、最新刊の『武道館』（＊3）では、アイドルを題材にしました。そこで本当に書きたかったことは、そのアイドルという異物が誕生したことで起こった波紋や、アイドルの周りにいる私たち消費者の精神性についてでした。ただ、はじめからそこだけを語っても、聞いてくれる人はそんなにいないと思います。だけど、「アイドルの話です」という甘い皮でコーティングすることで、「アイドルグループのサクセスストーリーか」と手にとってくれる人もいる。そんなふうに、今後も小説によって、普通なら届かないところまでメッセージを届けていきたいですし、先ほども話した、自分の頭で考える機会が減っていることに対して、きっかけを少しでも与えられるような作品を書いていきたいと思っています。

チョン　困りました。『武道館』の話を聞けば聞くほどもっと読みたくなってしまいます。韓国の出版社を調べて、翻訳を催促するしかないですね。

私は、このごろ韓国における文学が、読む人だけが読む少数の趣味のようになりつつあるのをとても心配しています。こういう時ほど、文学の外側で文学をしている、文学の境界線をもっと遠くへ押し拡げて、未来の世代の読者を引き寄せることができる「大衆小説家」が必要だと思います。私がそうなりたいのですが、大衆小説家は自分でなりたくてなれるものではなく、大衆によって選ばれなけ

＊3　『武道館』
「恋愛禁止」「炎上」。武道館を目指す女性グループを主人公にアイドルという職業が背負う十字架に切り込んだ作品。（朝井リョウ著／文藝春秋）

ればならないですよね。まだその方法がわからず、色々悩んでいるところです。

朝井　たぶんお互い、他の作家に比べて、若い世代の読者が多い作家だと思うんです。それは大きな強みですよね。その人たちが読書を好きになってくれて、そのまま年を重ねて、その下の世代にも続いていけば、自分がやってきたことが長期的にいい方向に影響する、と信じています。年齢を重ねた本読みの方から、「今の若い作家の作品は薄っぺらい」とか言われたとしても、今のうちに若い読者をどれだけ獲得できるかということを、最近よく考えます。

チョン　私が普段考えていることとよく似ていて、一瞬、自分が話しているのかと、びっくりしてしまいました。十代後半から二十代中盤の読者の人生に、わずかでもなにか方向性を示せたんじゃないかと思えた時、すごく力を得ます。

朝井　昔読んだ本の一行が数年後、ある人生の局面で思い出されたりすることがありますが、自分の作品がそうなってくれたらすごくいいな、と思いますよね。

私はデビュー当時から、「現代に起きていることを若者と同じ目線で書いていく」とよく言われていました。「五年や十年で様変わりする、後に残らないようなことを書いている」と言われている気がして、うれしく感じない時期もありましたが、今は逆に誇りに思っているんです。例えば、現代なら会えなくなってもメールを送れば大抵のことは済みますが、メールがなかった時代に書かれた小説には、だからこそ生まれた、時代特有の感情みたいなものが残っていますよね。自分の小説も、そうしたある種の資料のように残ったとしたら、それもいいなと思っています。最近は、五年後に読んだらわからなくなっているような感情こそ、今のうちに書いておきたいと思っているくらいです。

チョン　私は、書くことが話すことよりはるかに楽なので作家になったのですが、作家になったら人前で話す機会がすごく増えるということは、事前に誰も言ってくれませんでした（笑）。さっきも登壇する前に、朝井さんと同じポーズでみぞおちをさすりながら、「緊張しますね」って話しましたね。日本語はできなくても、その言葉は理解できました。私はすごく緊張した時、頭の中で「私は金銅弥勒菩薩半跏思惟像（＊4）だ、金属だからお腹も痛くないし、汗もかかない。無心で平穏な仏像だ」と呟いていています。オススメですよ。

朝井　「私は金属だ」って、ちょっとレベルが高すぎませんか？（笑）でも確かに、話す機会が意外と多いこと、それから自営業になるうえでの確定申告のやり方とかは、早めに教えていただきたかったと思いますよね（笑）。

チョン　日本も確定申告は複雑なんですね。韓国もすごく複雑で難しいです！（笑）

＊4　**金銅弥勒菩薩半跏思惟像**　新羅時代に制作されたとされる韓国の国宝。頬に手を当て微笑みを浮かべた姿が京都広隆寺の国宝・宝冠弥勒や奈良中宮寺の国宝・木造菩薩半跏像と似ているとされる。二〇一六年には日韓の国宝同士（日本分は中宮寺のもの）を並べる貴重な展示「ほほえみの御仏」展が日韓で開催された。

司会　確定申告にまで話が及びましたが（笑）、本日はお時間となりました。素晴らしい若手の文化人の方々に話していただくことで、これから二、三十年、文化の面でいい関係が続くことを願っての企画でしたが、その願いを上回る、息の合ったお話が聴けたのではないかと思います。朝井リョウさん、チョン・セランさん、本日はありがとうございました。

チョン・セランから朝井リョウへの手紙

心より親愛なる朝井リョウさんへ

最後にお会いした時から、もう二年以上が経ちました。韓国で朝井さんの本が翻訳されるたびに、うれしく思っています。韓国で最近出版された朝井さんのエッセイ集『時をかけるゆとり』を読みながら、どれだけ大きな声で笑ったことか。小説と似ているようでまた異なるトーンが良かったです。わざとゆっくり大事に読もうとしましたが、なかなか簡単なことではありませんね。時には頭の中で、朝井さんが書いた文章が、朝井さんの読み上げる声で聞こえてきたりも。もちろん、私が読んでいるのは朝井さんのトーンで書かれた翻訳文なのですが、声を知っているとこんなことも起きるのかと、不思議でした。

この二年間、私も小説に近い周りの領域を色々探検していました。まだ出版されていませんが、エッセイも執筆し、童話も書き、映像のシナリオも手がけ、小説とは違う魅力を発見しました。もちろん、小説が一番合っているという結論に達したのですが。対談の時に、新たに取り組んでみたいとおっしゃっていたことは、その後どうなりましたか？　朝井さんのこれまでの実験や探検について、聞いてみたいです。小説ではないジャンルの文章を書く時、どのような気持ちになるのかも知りたいです。

前回お会いした時には、韓国の文学界について色々心配していた記憶がありますが、そんな不安や落胆はこの二年の間に、ぐっと少なくなりました。これはうれしい出来事です。韓国文学界には、新しい声を持つ、優れた作家が続々登場し、成長しています。天地をひっくり返すような動きと言えます。作家と読者の間のつながりが一層強くなり、面白い流れが生まれてワクワクしています。何よりも、以前よりも寂しいと思うことが少なくなりました。朝井さんにも素晴らしい仲間がたくさん生まれていらっしゃることでしょう。一人一人が自分の悩みに、それぞれのやり方で向き合ってきたこと、それを遠く離れて見てみると、素敵な風景になる。これからは、そんな時代になるのではないかと思っています。日本の文学界にも興味深い変化がたくさん起きていますか？

最近の悩みは、小説に集中する時間がだんだん足りなくなっていることです。会わなければならない人達や、新たな提案、行かなければならない行事があまりにも多く、執筆に充てる時間を確保することが簡単ではありません。「機会費用」についてもよく考えるようになりました。どんな仕事をどのような基準で受け入れるべきか。同時に複数のテーマが浮かんだ時に、どれを優先して書くべきか。なぜか、朝井さんならきちんとした基準を持っていらっしゃるような気がします。悩みが深くなり、おかげでだんだん朝方人間になっています。朝井さんも、朝早くマクドナルドで毎日執筆していらっしゃるのですよね？　夜明けにソウルで昇った太陽が、三〇分後に東京に現れる。それは小学校の時に習ったことですが、今でも不思議な感じがします。どうか、朝井さんだけの誰にも邪魔されない充実した時間を、大切にお守りいただけますように。

昨年の冬、友達に会うために数日間東京を訪れました。朝井さんと対談をした場所の近くを通った時、心の中に隠していたトランプの切り札を見つけたように、喜びで心が高鳴りました。書店に入ってすぐに、目立つ場所で朝井さんの本を見つけた時も。本に偶然お会いしたように、朝井さんともまたお目にかかることができるよう、願っています。いつも応援しています！

二〇一七年 冬 ソウルから
チョン・セランより

朝井リョウからチョン・セランへの手紙

心より敬愛なるチョン・セランさんへ

最後にお会いした時から、もう二年以上が経ちました——いただいた御手紙の書き出しを読んで、心底驚きました。体感的には短いですが、多くのことが変わった感覚があります。対談の書き起こしを読むと、「日本人は新しいものに怯える」という発言がありますが、どんどん拍車がかかっているような印象があります。（どこの国でもそうかもしれませんが）日本では、何でもAIに取って代わられるという風潮が日に日に強まっていて、私もよく、小説や漫画、映画などの芸術分野への影響を考えます。個人的には、AI vs. 人間ではなくAI with 人間という、対立でなく共存する関係を築いていきたいところですが、AIが書いたショートショートが賞の一次選考を通過するという出来事が国内の関心を集め、どんどん他人事ではなくなってきた印象です。そんな中、「人生」がないAIがエッセイを書くことはないよな、なんて考えていたのですが、まさかセランさんが私のエッセイ集を読んでくださっていたとは！　驚きと喜びでいっぱいです。つまり、私のお尻がとんでもないことになっていることを知ってしまったかと思いますが、安心してください、あれから数年経った今、病状は悪化しています。座って仕事をしている時間が長い私達です、他人事ではありませんよ（笑）。

そして私も、対談の時に話されていた製菓学校を舞台にした作品の翻訳出版を密かに待ち続ける日々です。『アンダー、サンダー、テンダー』を読んで、国は違っても私たちが心の中に抱えているものに大きな違いがないことを再確認でき、ますます韓国の文学への興味が募っています。少し前に翻訳出版されたキム・ヨンスさんの『ワンダーボーイ』など、とても面白かったです。是非セランさんの新作と併せて、今度、韓国文学のおすすめを教えてください。そう、二年前の対談のあと、日本の作家六人で、次世代の読者におすすめする本を一〇冊ずつ挙げ、書評を書くという企画に参加したんです。それは『きみに贈る本』という一冊にまとまったのですが、そこで『アンダー、サンダー、テンダー』も紹介しました。すると、日本の若い読者から「初めて韓国の小説を読んだけれども、とても面白かった」という感想が届いたんです。本は世界を見つめる視点を与えてくれます。一つの視点で捉えただけでは到底わからない複雑な立体物であるこの世界を、自分なりに丁寧に理解したい——そんな読者の内なる願いを『アンダー、サンダー、テンダー』が手助けしてくれたようで、とても心強いです。

そして、韓国の文学界の変化について教えてくださり、ありがとうございます。明るい内容で、羨ましく、学びたい気持ちです。対談の時は「外側から見ると、日本の出版界はとても活気があって、様々な新しいことが起こっている場所に見えます」と仰っていましたが、素敵な手紙をいただいた今、その言葉をそのまま差し出したいです。天地をひっくり返す動きがどのように発生し、どう展開しているのか、絶対にまたお話を聞きたいです。

そして、セランさん自身も、童話や映像のシナリオなど、お仕事の幅をぐんと拡げられているようですね。それに伴って新たな悩みも生まれているとのことですが、充実している書き手にだけ宿る輝きのようなものを感じ、何とも頼もしく、羨ましい気持ちで読んでしまいました。どんな仕事をどのような基準で受け入れるべきか、私も常に悩みます。ただ最近は、社会への影響力や自身の成長、報酬の額などを基準に仕事をジャッジすることをやめました。その仕事をしている自分が好きか。この一点で、物事を考えている気がします。〝作家として健康的な心身で長く活動する〟という最重要かつ大前提ともいえる状態を保つためには、好きな自分で在り続ける、ということが実はとても大切なことのような気がするからです。

同時に複数のテーマが浮かんだ時に、どれを優先して書くべきか。これは私自身とてもよく考えていることだったので、手紙の文面を読んで驚きました。個人的に、現代における小説の最大のデメリットは、思い浮かんだテーマを作品として世の中に放つまでに時間がかかる、ということのような気がしています。情報過多の時代を生きる私たちは、〝待つ〟ことがどんどん下手くそになっていますよね。できるだけ読者を待たせないように、と思うのですが、時間をかけて書いてこそ深まるテーマもあり、どうしたものかと悩み続けているところです。

さて、十一月に、「フィフティー・ピープル」で第五十回韓国日報文学賞を受賞されたとうかがいました。本当におめでとうございます！　対談の時、大衆小説家になりたいと話されていたことがとても印象的だったのですが、あれから二年経ち、まさに大衆によって選ばれる小説家になられたのではないでしょうか。手紙の文章でさえ光に満ちているセランさんが紡いだ新しい小説世界、私も早く足を踏み入れたいです。

私自身の実験や探検についてももっともっとお伝えしたかったのですが、あっという間に字数を重ねてしまいました。ただ、ここで全てを書いてしまっても、次にお会いする機会の楽しみを奪ってしまいますよね。手紙の返事を書きながら、聞きたいこと、聞いてもらいたいことがたくさん溢れてきて、私達はまだまだ交流し続けるべきなのだなと確信しています。三〇分差で現れ消える太陽とともに日々の言葉を積み重ねつつ、またいつか時間差のない光のもとに集まれることを楽しみにしています。その時は、いただいたネクタイを締めて行きますね。こちらこそ、ずっと応援しています！

二〇一七年　冬　東京から

朝井リョウより

세대 문화인대
슬기 & 오카다 도시

第5章

アーティスト
キ・スルギ × 岡田利規
演劇作家

第１幕

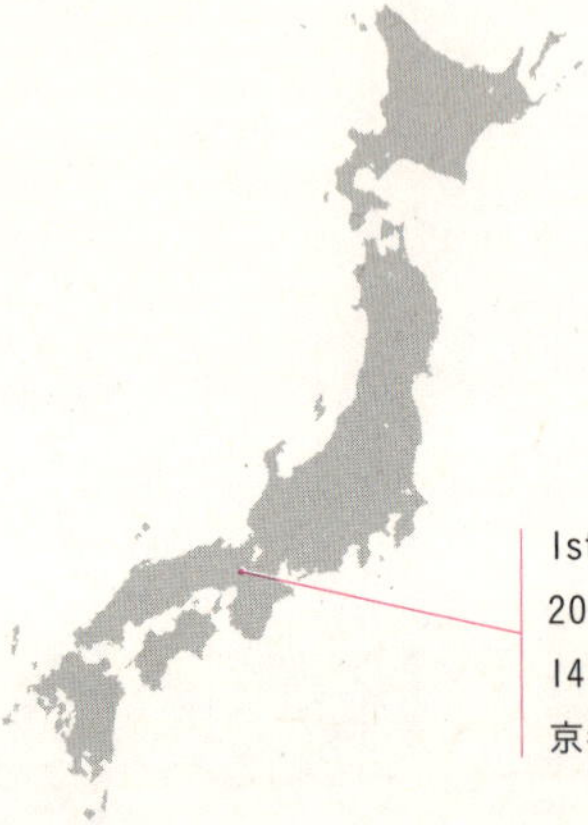

1st TALK SHOW @ JAPAN
2016年3月20日(日)
14:00 〜 15:30
京都市勧業館みやこめっせにて

手がけた演劇が韓国でも上演されるほど
人気演劇作家の岡田さん。その岡田さんが、
ぜひ話してみたいアーティストとして
キ・スルギさんをご指名し、京都での開催の運びに。
活動フィールドの異なるお２人ながら、息ぴったりに
深く語らうようすは聞く側の私達の心も震わせます。

岡田利規（以下、岡田） 岡田です。今日はお集まりいただき、ありがとうございます。今、このマイクスタンドをつけたましゃべるか、ハンドマイクを使うか悩んでいます（笑）。あと、今気付いたんですが、プロフィール写真と同じ服を着ています。これしか服がない感じなんですけど（笑）。まあ、あまり服は持っていないんです。

国際交流基金の担当者が、「日韓若手文化人対談の一部として参加してみませんか」と僕に声をかけてくださった時に、どういう人と話をしたいのかを僕が決めていいと言ってくださって。ちょうどその頃、東京の国立新美術館で日本と韓国の現代美術作家によるグループ展「アーティスト・ファイル二〇一五　隣の部屋——日本と韓国の作家たち」が開かれていました。僕はそれを見に行き、スルギさんの作品に圧倒されました。スルギさんの名前すら知らない状態で見に行ったのですが、スルギさんと話をしてみたいと思いました。そして今回こうして対談が実現することになりました。

スルギさんがどのような活動をしている美術作家かというのは、今からスルギさん本人が簡単に説明してくださることになっています。その後で僕がどういうところに圧倒されたか、そういう話をしながら対話を始めたいと思います。

ではスルギさん、作品の説明をお願いします。

キ・スルギ（以下、キ） アンニョンハセヨ、キ・スルギと申します。まずは私の作品についいて説明をさせていただいて、次に作品を作ったきっかけや意図についてお話したいと思います。

色々な作品がある中で、岡田さんと共通項を持って話ができる作品を中心に説明していきます。(——と、自分の手がけた作品をスクリーンに映し出しながら) これはアイルランドで撮影したもので、『Post Tenebras Lux』(＊1) という作品です。タイトルはラテン語で、「暗闇の裏に光がある」または「暗闇ののちに光がある」という意味です。「光と闇」という二面性を含み、「私の身体から表される衝動的な動き」という意味も含まれています。

この制作にあたる前から、私はずっと「見えないものを対象化する」ということを試みてきました。作品を作りながらいつも考えていることや自分の中にあるもの、それらを言葉で表現した文章をいくつかご紹介したいと思います。

——意味を説明することができない、ある状態に対して
——付随的な成分に反応する感受性
——不条理で微妙で簡単には目に留まらないもの

＊1 『Post Tenebras Lux』
二〇一四年に制作されたこのシリーズは、光を遮断する闇にも通じる〝霧〟がテーマ。この対談ではふせられたままだったが、霧はシーツを用いて撮影し、加工するのだと本人も公表している。(写真は同シリーズの作品No.04)

——単純に指で示すことができないある状態について

——息を吸ったり吐いたりするかのように微妙で自然な方法

とても抽象的に聞こえるかもしれませんが、これらの文章が、制作している時に絶えず私にアイディアを与えてくれるモチーフとなっています。

そしてこの作品の展示には、サウンドも一緒に流していました。制作は森の中で行われ、二次元的な空間を再現したものですが、私の身体の動きを通じた表現でイメージ化されたものであり、私の中にはずっとサウンドが感じられていました。ここでは、サウンドと合わせてご紹介したいと思います。（——と、作品をスクリーンに映したまま、サウンドを流す）。

今日お越しの皆様の中にも、美術に関わっておられる方がいらっしゃるかもしれませんが、昨年の国立新美術館の展示の時は、かなり大変な思いをしながら準備をしました。

私は実験的な美術をやっています。実験的な美術というのは、一人で考え、頭の中にあるものを再現していくことですが、共感してくれる誰かを見出すことが、私の中でのテーマ。そんなことを考えている最中に、岡田さんから連絡をいただいたんです。それは私にとって本当に意味のあることでした。一人で頭の中で考え続けていたこと、自分が信じていたことに対して、言語も文化もジャンルも違う誰かに関心を持っていただき、共感してもらうことができたのは、とても幸せだと思いました。

岡田　ありがとうございます。『Post Tenebras Lux』は、僕が衝撃を受けたシリーズの一つです。僕がすごく驚いたのは、「目に見えないもの」と言えばいいのか、あるいは「気配」と言えばいいのか、そういうものをはっきりと形にしているということ。もうちょっと正確に言うと、見た人がそのような経験を得られるように、本当にはっきりとした形で提示されていることへの驚きでした。

『Post Tenebras Lux』について、僕が決めていたことがありました。それは実際お会いして話を聞く時に、「あの作品をどのように作っているのかは、聞かないことにしよう」ということです（笑）。あの自然の風景の中にある謎の物体が、どのように作り出されているのか。最初見た時は布と煙の中間だと思ったんですけど、そんなものがあるわけないので、びっくりしました。そういうものを想像し、想像するだけじゃなく、こうやって目に見える形にしてしまうことに、とにかく驚いたのです。

それに、さっき文章を読んでくれましたよね。すごく凝縮された文章を、すらっと読んでいらっしゃって。「息を吸ったり吐いたりするかのように微妙で自然な方法」という一節は、心に書き留めました。その言葉がこのような作品を生み出すことと結びついているのだろうと感じました。

キ　とても好意的に受け止めてくださり、ありがとうございます（笑）。

岡田　否定的な人っているんですか（笑）。

キ　複雑なことを考えていたわけではないのですが、色々な解釈をしてくださり、とても光栄です。この制作方法について質問しないと決めたということですので、私もどうやって作ったかについては今回ここではお話しないようにします（笑）。このどうやって作られたかについて聞くと、否定的ではないにしても、軽く受け止める方はいます。私の母は「あなたは一体何をやっているの？」と気になるようです（笑）。

制作を終えた後に自分の作品を振り返ることはあまり多くありません。でも、岡田さんとお会いして、自分の作品をあらためて見つめ直す機会をいただきました。

作品の形態は、実際の自分自身の身体の動きから生まれてきます。その形態については関心を持っていたのですが、自分がやっている行為については関心がありませんでした。でも、岡田さんが作品をご覧になったことによって、自分がやっている行為についても関心を持つようになり、自分の中にある意図についてもっと深く考えるようになりました。

岡田　今のコメントを聞いてぜひ見てみたいのが、『Unfamiliar Corner』（＊2）という作品。このシリーズは今話されたことを、もっとわかりやすく提示できるのではないか、という気が僕はしましたけど、スルギさんはそう思いませんか？

キ　はい。『Unfamiliar Corner』のイメージを、まずはお見せしましょう。（――と、スライドの写真を変える）これは、先ほどの『Post Tenebras Lux』よりも前に作ったものです。振り返ってみると、おそらくこの頃から枠組みの外にある物語や、枠の中にあっても見えない空間に対して、気になることを表現しようとし始めたのだと思います。

　この作業の原点は、とてもシンプルです。私の周りの空間に対する物語について。その興味から始まっています。毎日帰宅する道はいつも決まっていて、この方向に歩くとこの道にぶつかる、この道を通りすぎると家に着く。そういうなじみがある空間の概念ってありますよね。ある日、空間全体でなく、ある部分、とあるコーナーについてばかりを集中して考えるようになりました。そのコーナーには私の身体の一部分が境界線として立っているように感じたんで

＊2『Unfamiliar Corner』
韓国語タイトルは「単純な空間に盛り込まれた果てしない疑問」。作者自身の体の一部を映し込み、隠されたものへの好奇心をかきたてる。2012年制作。（写真はともに同シリーズより 上・作品No.01、下・作品No.02）

す。この作品では、私の足がそこになければ、建物のある一部としてしか何の意味も持たないところなのに、足が存在することで壁の裏側で起きていることを想像させる、そんなイメージを持って境界線に置かれた人体をモチーフにしました。

私は岡田さんの作品について気になっていることをおうかがいしたいと思います。作品のテーマなどを尋ねるのではなく、同じアーティストとして作品作りの過程で気になっていることがたくさんあるので、この機会に質問してもよろしいでしょうか。

岡田　じゃあ、行きましょうか（笑）。

キ　Are you ready?　岡田さんはとても素晴らしい作品を手がけていらっしゃるので、作品について質問しようだなんて思ってはいません。ただ、同じ作家として、キャリアが私より長い岡田さんにうかがってみたいことが色々あります。今公演中の演劇『部屋に流れる時間の旅』（＊3）の感想についてもお話しできればと思います。

私が岡田さんの作品が好きな理由は、アコーディオンの蛇腹のような感じがするからです。特に『部屋に流れる時間の旅』は、時間

＊3　演劇『部屋に流れる時間の旅』
東日本大震災後に病気で亡くなった妻が語る希望と、生き続ける夫が感じる世の中が変わらないもどかしさ。震災直後に人々が抱いた希望の行方を問う。（撮影／清水ミサコ）

が拡張したような感覚があり、岡田さんの解釈がとてもよく表れていた作品だと思いました。
　正直に言うと、視覚的な芸術のジャンルがあまりにもたくさんあるため、演劇にはこれまであまり関心をもっていなかったんです。リアルを感じないという先入観があったからです。ところが今回の作品を観て、演劇は現在とは異なる〝時間の流れ〟をこんなにもうまく表現できる芸術なんだ、と感じました。また、それが岡田さんならではの方法で深く解釈されていると思いました。非現実的な部分があることによって、逆によりリアルに感じたような気がします。昨日と今日続けて、『部屋に流れる時間の旅』を拝見したのですが、二回とも「え、もう終わったの?」とビックリしました。それぐらい作品の中に入りこんでいたのは、もちろん作品が面白かったからだと思います。もしかすると、字幕を読むことに集中していたからかもしれません(笑)。まずは、今回の作品で「時間を拡張する」ことを意識したのか、おうかがいしたいです。

岡田　「時間を拡張する」ということは、僕がいつも言っていることなのです。
ある時、演劇は時間を引き延ばすことができると気付いて、それ以来関心を持ち始めたのです。時間は「アコーディオンの蛇腹」というのはおもしろい例えだと思うんですけど。あんなふうにまさに伸びたり縮んだりができるもので(笑)。まあ、でもそれは人間の日常、普段の人生を送っている中で経験することでもあるんですけど。時計で計る一定の時間も、長く感じられる時もあればそうでない時もあるということです。演劇は、それを操作できるのです。ただし、それには俳優の力が必要です。そこが一番大変なところです。俳優は時間を引き延ばす力を持っています。誰でも可能なわけではありません。僕にとって良い俳優とは、それができる人です。

キ　今のお話を聞いて、『部屋に流れる時間の旅』はこれまでの作品と比べて、俳優の身体の動きが抑えられているような気がしました。私が岡田さんの演劇で好きだった作品世界、例えば重いテーマや同時代の事件や事故を戯画化し、強い印象を持たせるといった部分が、本作では少し排除されているような印象。どんな意図があったのか、教えてください。

岡田　その意図の仕方は、いくつかあります。一つは、あることを、例えば身体の動きを誇張したような戯画的なものを満足いく形にできたと感じた時は、その次に全然そうじゃないものがやりたくなるんですね。反対側に飛んでいきたいというのがあるので。昨日と今日観てもらった作品を、この京都で初演を迎えることができて満足しています。次はもっと馬鹿っぽい作品を作りたいなという気持ちがあります（笑）。

あと、十年前くらいの自分と比べると、俳優からどうやって身体のはっきりした動きを引き出すかということよりも、動きという言い方をするのに当てはまらないくらいのレベルの小さな身体の動き、むしろ佇まいじゃないかというくらいのものの方に、興味や関心が移っています。以前だったら「もっと腕も大きく動かしてほしい」と思っていたようなところが、「肩が動こうとしていることで充分だ」と思うようになってきたり。そういう変化があります。

キ　少し聞いただけでも興味が湧いてきました。色々聞いてみたいことが浮かんできました。『部屋に流れる時間の旅』では、身体の動きが静かに表現されていましたが、それを見ながらこんなことを思いました。「今回の作品で、身体の動きをイメージするにあたって、例えば植物や事物からインスピレーションを得ているのではないだろうか」と。

岡田　ええと、そういったものは無いんですけど。ただ、僕は稽古場ではよく変な言葉をたくさん使うんです（笑）。稽古場に突然入ってきた人が聞いたら何を言っているのかわからないような言葉をよく使います。今回よく口にしていたのは、太陽光発電を意味する「ソーラーパワー」という単語なんです（笑）。あの作品は、幽霊の女がいて、その女性を妻にしていた男がいて、新しい恋人もいるという構図になっています。その男が新しい恋人に話しかける時に、そのエネルギーがどこからやってきたのかが重要です。例えば新しい恋人からエネルギーをもらっているように演技をすると、シーンが成立しないんです。そうではなくて、太陽を浴びることによってエネルギーが作られる感じで、幽霊から受けるエネルギーを使っているということがとても重要だと、稽古場ですごくしつこく言いました。ちょっと答えがずれたかもしれませんね。

キ　なるほど。「次は全然違うものをやりたい」と話されているのを聞いて思ったのですが、私もよく作業をしていると行き詰まることがあります。「もうこのやり方では限界だ」と感じて、何かが完全に停止してしまったような感覚に陥るんです。そんな時は、今の自分自身を捨てて真逆な作業をすると、新しい風景が見えてきます。岡田さんは作業をしている中で限界を感じた時に、それをどんなふうに乗り越えていらっしゃるのでしょうか。

岡田　テキストはコンピューターのキーボードで書くんですけど、行き詰まると、手書きにすることはよくあります。でも、上手くいく時もあるんですが、いかない時も多くて、あまり本質的ではない。正直言いますと、ここ最近行き詰まったという感覚になってないのです。

キ　そんなふうに見えます（笑）。

岡田　行き詰まった感覚にならない大きな理由は、演劇が一人で作るものじゃないからです。

演劇は、演出家がすべてを握る、創造するトップに立っている、あるいは僕という演出家の頭の中にあるものをリアライズしている、と思われがちです。でも、少なくとも僕はまったくそういうふうには作っていません。もちろん出発点としての機能は果たしているんですけど、結果的にどういうものになるかは、あらゆるレベルにおいて〝一緒に作る人達の〟アイディアなんです。俳優だけではなく、例えば技術的なことまで他人がやってくれるんですね。

演出家は、どうやってプロジェクトとして機能するものにするかという、編集みたいなことをします。そういうふうに作ると、行き詰まったという感じを持つことはないし、さらに大事なのは、自分の頭の中で思い描いたものよりも良いものができること、それが演劇のいいところではないかと、いつも思っています。

キ 私に必要なのは同僚かもしれないですね（笑）。

岡田 ビジュアル・アーティストの人たちに聞くと、「自分は集団で作業をすることが苦手、無理だった」とか「何か試しに集団作業をやってみたことがあるけれど、自分は向いてなかった」という答えが返ってきます。だから、僕に「演劇、大人数で作れるのはすごいね」みたいなことを言うんですね。それは「すごい」とかじゃなくて、単純にその人の資質の違いだと思います。

キ また次の質問をしたいんですけど、緊張しています？（笑）

岡田 いや、大丈夫ですよ（笑）。

キ 日本で東日本大震災が起きましたが、韓国でも多くの人たちが悲しみに打ちひしがれる事件がありました。二〇一四年のセウォル号沈没事故です。その事件を題材にした作品が生まれてきています。少しありふれた題材になってしまったような気もして、同じようなテーマの作品は、見ている側の人たちに、疲労感を与えることもあるかもしれないと思います。なぜならつらい出来事をしばらく忘れていたいという感情があるからです。

岡田さんは今回、東日本大震災を題材に劇を作りました。日本でも同じテーマの作品が多く作られてきたと思いますが、どんな点が他の作品と異なると思いますか。

岡田　これまで日本で作られた作品との違いについては、僕の観点からはその質問に答えることがあまりにも難しいんですけれども。ただ、自分の作品との比較ならできます。なので、代わりにそれを。

『部屋を流れる時間の旅』を作りながら思っていたのは、それまでは僕が震災に関連して作った作品は、とても俯瞰的な視点から状況を見ようとしていたということ。つまり、その出来事とかそこで起こっている問題や感情というものから距離をとって、あるいは高いところから眺めるようにやっていた気がします。

でも、今回はそういうことをしていない、と自分で感じています。それが自分にとっては大きな変化だと、初日を迎える数日前に通し稽古を見ながら、ふと気付いたのです。地震をテーマにした作品をいくつか作ってきたからこそ変化したのかもしれないし、もっと単純に東日本大震災から五年という月日が経ったからかもしれない。そこの分析は自分もわからないんですが。

キ　今回の作品はとても淡々としていて、その表現の仕方がいいと思いました。状況の展開を穏やかに見つめているのが、この作品の特徴だと思います。それにしても、岡田さんは短い間に様々な変化を遂げていてすごいなと、あらためて思いました。

私の場合、作品を仕上げるたびに完成度を求めるあまり、変化に対する恐れが生まれてしまうんです。だから、今回の岡田さんの作品を見て、とても驚きました。

岡田 結局僕が大きく変われるのは、集団で作っているからですよね。自分自身の体だけだとしたら、自分自身の頭だけだったら、大きく変わらないんですけど。演劇は、舞台美術も色々なビジュアル・アーティストと一緒にやることができるので、その相手が変わるだけでもガラッと変えられます。そこは大きいところです。

僕は先ほど『Unfamiliar Corner』という作品の説明を聞いて、すごくおもしろいと思った点がありました。コーナーという境界線のような場所に体を置くことで、境界を見る人に注意を促すということをやっている。それは僕が今回の『部屋に流れる時間』の演出をしている時に特に意識していたことと、すごく似ているなと思いました。

俳優の体や舞台中のオブジェクトに、見る人の注意をどのように向けさせるか。注意の向け方や、向ける対象を変化させたり、変化させるための道具、手法として人間の体を使ったりするという点が、スルギさんの作品と似ているな、と。

人間の体は、非常に強い力を持っています。なぜなら僕ら人間は大抵、人の体というものに注意がいきますから。例えばものすごい大自然が映っている画面の中に、ほんの小さな人間が映っているのが認識できたら、そこに人の注意が向くわけです。

そんな人間の基本感覚というものを用いて、僕が今回作品を作る際にやっていたことを、スルギさんもやっているんだなということを言葉で聞けておもしろかったです。

キ 岡田さんの作品は、同時代に起きる様々な事件や出来事をご自身ならではの方法で解釈されています。トラウマを伴うものや胸が締め付けられる出来事を、作品を作る過程で情報を分析し向き合う作業が必要になってくると思います。でも、私の場合は、内容と向き合うことが、自分自身をとても疲弊させてしまい、そこから目を背けて逃れたくなってしまうんです。岡田さんはどのように向き合って作業をされているんでしょうか。

岡田 作っている時の疲弊というのはあんまりないのです。それはたぶん、「またこれかよ」って感じですけど（笑）、結局……

キ 何をおっしゃるか、想像できます（笑）

岡田 「今の演技はこういうところが良くない。だからこういうふうにして」みたいな言葉を役者に言うことによって、本来は自分に向かうべきエネルギーを表層的には俳優に向けちゃうんです。つまり自分に向かうわけではないので、自分にとってはどんなにつらいことを扱ったとしても、ね。そこはスルギさんが一人でつくるビジュアル・アートとの大きな違いだと思います。

ただし、上演をしてお客さんに観てもらう時には変わります。自分を人に見せるということは、そのタフさを強いるということです。僕にとって、ソウルでもやったことがある『現在地』（＊4）という作品はそういうもので、僕はただ観客席から観ているだけなんですけど、すごく疲れました。だからどうするかというと、結局次はそういうものじゃないものを作るというやり方ですね。

キ　対談時間もあと残りわずかとなりましたが、最後にとても気になることをおうかがいします。一つの作品を終えて次の制作に向かうのに、すぐに取りかかれることもありますが、時々その合間の過程で生まれる作品があり、それは廃棄されることが多いんです。視覚的に力が足りないとか、内容について自分自身で完璧に熟知しきれていないとか、様々な理由で捨てられます。そのように作品の合間で廃棄されたものを、私は「隠れた廃棄物」と呼んでいるのですが、岡田さんの制作の中にも「隠れた廃棄物」は存在しているのでしょうか。存在するとすれば、どのような理由で廃棄

＊4『現在地』
村から脱出を望む人、とどまる人……。不吉な雲と「村が破滅する」との噂をめぐる7人それぞれの変化。SFタッチで描く「東日本大震災以降」の物語。（撮影／青木 司）

されるのでしょう？

岡田　おもしろい質問ですね。

演劇の演出は、作品が初日に向けて作られ完成したとしても、公演が続く限り、それを観続けることになるんです。自分の中ではもう終わったし、正反対のものを作りたい気持ちがあったとしても、観続けなければいけない。でもそれが、次のものに進むための重要な時間になっているという実感はすごくあるんですね。

演劇は変化するので、一般的に初演よりも、何十回の上演を重ねたもののほうが良いものになっていきます。少しずつ良いものに育てていく楽しみというのもあるんですけど。良くなれば良くなるほど、その作品が行ける場所、限界みたいなものも見えてきます。そうなると、「この作品が行けなかった場所、辿り着こうとしてなかった場所に行きたい」という気持ちがどんどん強くなってくるんです。

集団で作るので「次はすごい馬鹿っぽいものを作るぞ」、「次はミュージカル作る」とか適当に言うわけですよ。冗談だったり真面目だったり、どっちかわからない、何の責任感も無く酒を飲みながら言ったりする、そういうことが微妙になんだかんだ蓄積されてきて、「すごい馬鹿っぽいけど、実はおもしろいんじゃないか」と。なんかそういうプロセスはあるんですよね。だからスルギさんの「隠された廃棄物」という言葉を聞いて、自分にとってはこれかな、と思いました。

キ　お話、とてもおもしろかったです。岡田さんと私はジャンルがまったく違うので、「果たしていい質問ができるのだろうか」、「演劇の世界をしっかり理解できるのだろうか」と、対談のオファーをいただいた時にはとても悩みました。でも、ある瞬間から、そういったことはあまり重要ではないと思うようになりました。一方的に質問をたくさんしてしまいましたが、実際に私が作品を作りながらずっと気になっていたことを投げかけてみたかったのです。自分の中でもやもやしていたことに対する答えを得ることができました。

岡田　僕もすごく楽しかったです。本当におもしろい質問をもらえて。スルギさんがご自身で掴んで投げかけてくれた質問は、僕がやりたいことや、お客さんに見せるつもりでいることが、答えになるようなものばかりだったんです。

ただね、スルギさん。僕のやっていることをものすごく良く理解してくれたんですけど、演劇をそれで理解していると勘違いしないほうが良いと思います（笑）。というのは、演劇が好きな人で、僕のやっていることが好きじゃない人がいっぱいいるので（笑）。ありがとうございました。

（——ここで、会場からの質問を受け付けることに）

観客①　貴重なお話をありがとうございます。岡田さんに質問です。「演劇は集団で作る」とおっしゃいましたが、テキストを書いている時点では個人の制作だと思うんです。どの時点から集団のプロジェクトとなるのですか？

岡田　何年何月に、どこそこでプロジェクトを始めましょう。そのためにテキストを書くという意味では、テキストを書いている時点で個人の制作ではないんですよね。「テキストを役者に渡した時点で集団創作が始まる」みたいなことでは僕は全然ないので。結局、ある読者が個人個人で読むためのものを書いているわけではなく、俳優はセリフを覚えるし、それによっていろんな人がいろんなものを考えるために、というつもりで書くものなので、自ずと脚本というものは、みんなのものっていうふうに考えています。

観客②　僕はここ数年演劇をやっていますが、ある演劇初心者の人が「すごくやりたい、知りたい」という感じで演劇をしているのを最近目の当たりにしたんです。僕はそういう感覚ではなくなっていて、行き詰まっていると言うか……。勢いだけではできないなと思ったりします。どうやって作品を作っていくのか、自分の将来だったりを考えると怖かったりするんです。

　僕らは作品を制作する時に何かと向き合わないと作れないのですが、お二人は作品を作る時に何と向き合い、どういう姿勢でやっているのですか？

岡田　勢いと向き合うのも良いかも知れませんね。
　演劇のリハーサルって、繰り返してやりますよね。やったことで何かが生まれ、観客に何かを与えるんです。それが何を与えたかということに、向き合っていると思います。公演の回によって、とても面白くて強いものが来る時もあるし、そうじゃない時もあるし、という意味で。何が今、自分のほうにやってきたかというのさえ見れば、わかると僕は思っています。というか、僕はそれしかしてないんです。あとはみんな他の人がやってくれます、演劇って。

キ　私にとって一番大きいのは、この職業が自分にとても合っている、という確信があるということです。それは決して美術が得意だからではなく、他のことが何もできないからかもしれません。だから、息が詰まったりすることもあるけれど、他のことをやってみようとか、辞めようと考えることはないんです。これからもずっと、やり続けながら何かにぶつかることもあるかとは思いますが、一方でちょっと変わり者だからか、そういうところを楽しんでいたりもします（笑）。

観客③　僕は『部屋を流れる時間の旅』の公開リハーサルの場にいたんですけれど、その時に岡田さんが最後に「ありがとうございました、参考になりました」とおっしゃっていて。僕は座って観ているだけだったけど、参考になったのかなと思いながら、岡田さんの言葉に感激しました。

観客は、感想を言うことなく、黙って帰っていきますよね。お二人は拍手やざわつきだけではない部分で、観てくれた人の反応をものすごく感じるタイミングがあるのでしょうか。

岡田　演劇の場合は、それなりの人数のお客さんがまとまって一定の時間観ています。僕もその一部になって、お客さんとして観るようにしています。

もちろん、稽古の時からお客さんに観せるものとして、ざっくり言うと観客になろうとして観るというのが、演出家がすべきことだと思うし、そうやっているつもりです。それでもやっぱり実際のお客さんと一緒に観ると、初めてわかることがまだあります。そして体がお客さんと同期する感じがあるのです。それは集中力と言っても良いのかも知れません。

「今この人がそれを観て何を考えているのか」とか、そこまではさすがにわからないんですけど、ただ、「今この人はこの作品を〝経験〟しているかどうか」はわかります。会場の気配みたいなもので、自分たちが作った作品がお客さんの中で経験としてちゃんと機能していると感じられる時は、良いと思います。そうじゃない時もあります。演劇は回によってその辺はどうしても変わってしまう。「今は来てないな」という時もわかるんです。それは俳優の言い回しとかではなく、関係ができているかどうかなんです。僕は別に感想を聞かなくてもわかるし、拍手も単純にデシベルみたいなもので計れるものじゃなくて、小さいけど良い拍手ってあるんですよ。

キ　私は作業が上手くいっているかどうかは、自分でわかります。なぜなら、上手くいっていないという感覚がある時、「どうせ自分しかわからないから大丈夫」と蓋をして進めようとすると、最後に展示場に飾られた時に、自分の中に感じ取られるものがあり、会場に行きたくないような気分になるんです。

岡田　でもたぶん、それは観ている人もわかるはずです。今の自分に置き換えて考えた時に、絶対にそれは人にわかってしまうと僕は思っています。

キ　おっしゃる通りです。展示場に足を運びたくなくなるのは、自分が恥ずかしいからだと思います。

対談にお越しくださった皆さま、本当にありがとうございました。対談を通じて、色々なことを考える機会となりました。

岡田さんはとても忙しく、それぞれのスケジュールもありますが、もしできれば、お互いに負担にならない範囲でこの機会を生かし、一緒に何かを作りたいと思いました。シンプルに言えば、ソウルで対談を行う時には、形式的なものから抜け出して、何かをしたいと思います。ただ単にお互いの作品について話すところから先に進み、何か一つのものを作る。お互いの作業に影響を与えあっているのがわかるような、そんなことをしてみたいです。岡田さんはお忙しいので、私がソウルでしっかり準備しておきます（笑）。

岡田　いいですね。面白いと思います。

キ　内容とテーマについては一緒に相談して決められればと思います。この対談は、私についてまったく知らない状態の岡田さんが展示会場へと足を運び、「話してみたい」と思ってくださったのがきっかけです。そして、お手紙をいただきました。次の対談をする時には、岡田さんからのテキストを、私が視覚化する作業をやってみたいですね。

岡田　いいと思います。僕はスルギさんのことを感覚的な作家だなとすごく強く思っています。感覚的というのは、作家のスルギさんが感覚的だということもあるんですけど、それ以上に観ている人の感覚を拡大するよう作品を作る、という意味です。そこが一つの一緒にやれるポイントの取っかかりなんじゃないかと思います。

今日僕、自分の芝居を観ていて初めて面白い体験をしたんです。僕の前の席に座っていた女のお客さんが、香水をつけていたんですね。香水をとても強くつける人は、僕はちょっと得意じゃないんです。でも、その人のはすごく控えめで、良い感じでした。で、僕の芝居を観ながら時々、ある時点ではまったく気にしてなかった匂いの濃度がぐっと上がって、気付かされるということが起こったんです。たぶんこの人が、今この芝居を観て反応して、それによって匂いが強くなったのかな、と感じました。そのような作品を作りたいなと思います。

キ・スルギから岡田利規への手紙

岡田利規さま

こんにちは、キ・スルギです。

元気ですか？　私は、福岡アジア美術館のレジデンス・プログラムで一か月ほど福岡に滞在し、韓国に戻りました。

短い期間でしたが、福岡で作品を制作しながら、本当にたくさんの方々からサポートを受けました。制作作業についてお話しする時間もあり、福岡はとても温かいところだという印象を受けました。

あと、福岡に「art space tetra」という場所があることを知りました。岡田さんもそこを訪れたことがあると聞き、なぜか親しみを感じられました。

私は最近、「イヤギクン（語り手）」という映像と写真を手掛けています。今回の作品を手がけながら、岡田さんからの影響を感じています。この写真につきまして、ご感想などコメントをいただけたらうれしいです。

二〇一六年七月
キ・スルギ

岡田利規からキ・スルギへの手紙

キ・スルギさま

お元気ですか。福岡でレジデンスされていたんですね。福岡は韓国との距離が近く、東京と違う面をたくさん持つ都市である反面、東京を模倣しようという欲望も非常に強い街に、僕には思われるんですが、キ・スルギさんはあの街にどのような印象を持たれましたか？

僕は今年の春くらいから、ごく漠然とですが、これまでの自分がやってきたのとは完全に異なる、まったく新しいやりかたで世界を描写するような演劇を作ることはできないだろうか、ということを考えはじめています。そしてこれが、昨年東京の美術館ではじめてキ・スルギさんの作品を観たこと、そしてそのあとお話ししたことに影響を受けている結果であることは、間違いないです。

スルギさんは、〈次元〉という概念と作品作りが密接に関わっていることを、お話しされていましたよね。その考え方を自分が演劇の形式を構想するのに適用してみたらどうなるだろう。

例えばこのあいだも、〈次元〉と〈レイヤー〉の違いはなんだろう、なんてことを考えていたんです。それで、その時僕が思ったのは、〈レイヤー〉というのは潜在状態にある〈次元〉のことかもしれないな、ということでした。

例えばこれは、高層ビルの〈階〉というのは、ビルが実際に建ったり、高層ビルの建設という技術が実現化されたりすれば、高さという〈次元〉に属すものになりますが、それ以前においては、つまりそのような技術がなかったり、それどころか高層ビルという概念自体がまだ存在していない状態においては、それは〈レイヤー〉である、といったようなことです。

潜在化状態にあるものは、顕在化していないわけですから、非現実のものです。けれどもそれは存在しています。

ということは、現実を描くためには、そこに顕在化しているものだけ描くのではじゅうぶんではありません。潜在している〈レイヤー〉も捉えなくてはいけない。

ある芸術作品——僕の場合は演劇ですが——が持つリアリティを問題にする場合、その如何は、そこに含まれている非現実性のありようの如何に依るのではないか。そんなふうに最近僕は考え始めています。

送っていただいたイメージを見て僕が最初に感じたのは、これはリアルだ、ということでした。そしてこれは、ほかのスルギさんの作品の多くからも受ける印象なのです。自分の両腕を抱きすくめるように押さえているそれとは違うもう一組の腕は、その体自体にくっついているけれども、別の〈レイヤー〉にある腕である。僕にはそう見えました。

僕は今、日本の直島という小さな島にいます。ここは波の静かな内海に浮かぶ群島のうちの一つです。この島の中の美術館の展示室の一つで上演するサイト・スペシフィックなパフォーマンス作品を、ここに滞在しながら作っています。

その作品のテーマは〈革命〉です。演説のようなパフォーマンスを今、作っているんです。一般的な政治家の演説とはまったく異なります。オルタナティブなものを構想しているんです。これはこれでひとつの具体的なプロジェクトですが、同時に先述した「まったく新しいやりかたで世界を描写するような演劇をつくることはできないだろうか」ということのささやかな試行錯誤のひとつでもあります。

僕の中では、スルギさんがインスパイアしてくださったイメージやコンセプト、〈レイヤー〉を潜在化した〈次元〉と考えるということは、革命、ということと結びついています。うまく説明できていないかもしれませんが、だとしたらまた追って、ちゃんと説明できるように僕が、自分の中でこの考えを整理していけたらと思っています。

二〇一六年八月
岡田利規

第２幕

2nd TALK SHOW @ KOREA
2016年11月12日(土)
16:00 ～ 18:00
斗山アートセンターにて

スルギさんのホームグラウンドでの開催
ということもあり、韓国美術界で活躍するキュレーター、
メン・ジヨンさんがモデレーター役を
務めてくださるという贅沢な対談となりました。
アーティストが心の内に抱える悩みまでもが素直に
吐露され、語らいによるエポック到来という胸打つ展開に。

岡田利規（以下、岡田）　キ・スルギさんの作品に出会ったのは、東京の美術館でした。日本と韓国の美術作家の作品が一人ずつ部屋ごとに展示されていて、スルギさんの作品はどちらかと言うと後半にありました。展示されていたのは、物陰や何かのコーナーの奥に人間がいて、その人の一部分だけが見えている状態を撮影した写真作品でした。すごくシンプルに、想像力が掻き立てられ、「あ、この展示室面白かったな」と思いながら次の部屋に移動したんですね。

今お話ししたのは白い部屋で、次に行ったのは暗い部屋でした。そこで観たのが、今日も対談前に会場のプロジェクターで映し出されていた、森の中に謎の——僕はそれを雲と布の中間物のように感じたのですが——、その謎のものが浮かんでいる作品でした。しばらくあとで気付いたのですが、その黒い部屋もスルギさんの部屋だったんです。それぞれの部屋がとてもおもしろく、何だかものすごく僕は、白と黒の二つの部屋を組み合わせて展示しているスルギさんの虜になってしまったんですね。

僕はあらゆる意味で「見えていないモノを目に見える形にする」というのが、アーティストができる価値あることの一つだといつも考えてるんです。それをこんなにはっきりとできる人がいることに感銘を受けました。この人と話がしてみたいと思いました。というわけで、この対談の相手にスルギさんを希望しますと、僕からリクエストしました。

モデレーター　前回の京都での対談内容をうかがったのですが、岡田さんの作品について「決められた上演時間の中であるにもかかわらず、時間の長さを自由に操作しているかのようなイメージがある」という話が出ました。それをスルギさんは、「アコーディオンの蛇腹」に例え、「時間が拡張する感じ」と表現しましたね。

岡田　「蛇腹」って面白いですよね。時間をコントロールする、と。スルギさんも創作の時に、蛇腹のように広げたり縮めたりしようとすることを考えていますか？

キ・スルギ（以下、キ）　どのタイミングでお話ししようかずっと考えていたのですが、今ソウルでは朴槿恵大統領の弾劾を求めた大規模な集会が開かれていて、そんな中にもかかわらず、予想を超える方々がイベントにお越しくださったことに感謝しています。会場に来る途中で、「外では大統領弾劾という大義に向かって皆が一つになっている時に、自分はここで自分自身の作品について話しているのは後ろめたいな」と思いました。でも、この対談をしっかりやろう、努力しよう、と。同時に岡田さんの作品が心に浮かびました。

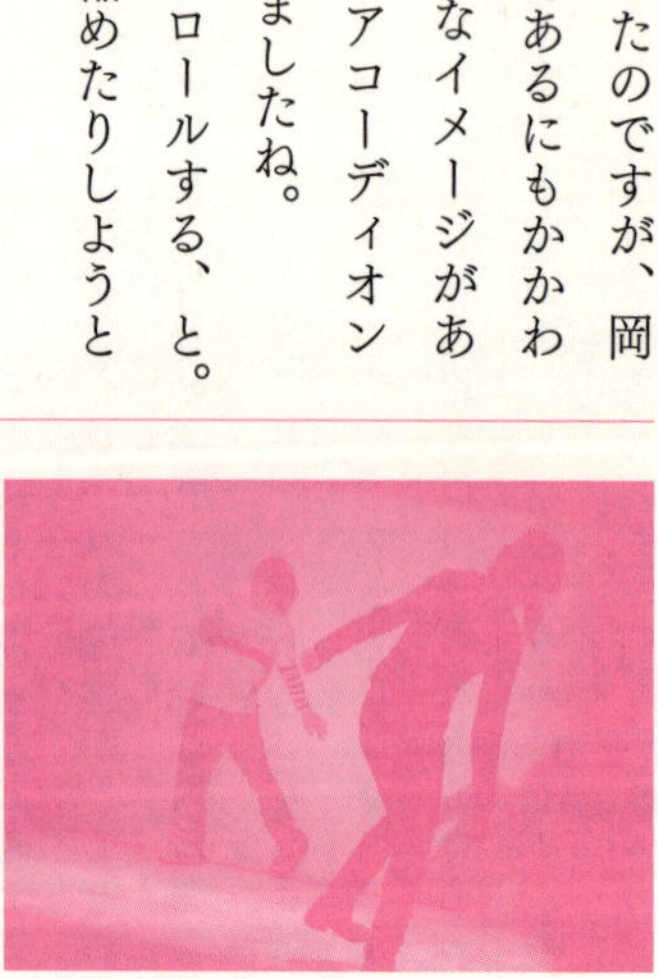

＊1『三月の5日間』
イラク戦争開戦時に渋谷のラブホテルに泊まり続けた日本の若者の日常。何気ない会話から日本人がおかれた世界を浮き彫りにする。二〇一七年リクリエーション版を上演。（二〇〇六年スーパーデラックス公演　撮影／横田 徹）

『三月の5日間』（＊1）という演劇です。世の中では大きな出来事が起きているけれど、私は日常において自分がやっているいつもの仕事を進めているという、今のこの雰囲気が、まさに岡田さんの作品でいうところの「時間の拡張性」のような気がするのです。

岡田さんの質問についてですが、時間と空間は、私の作品において、もう気付かないほどあたりまえの構成要素となってしまいました。時間と空間は私の関心分野であり、語りたい方向にそれが作用するのです。岡田さんは私の作品を観て、気に入ってくれました。私は自分がいつも信じて想像を膨らませていること、それを再現しようと努力していることを、理解してくれた人がいると知って、幸せな気持ちになりました。

岡田　あの、僕が初めてスルギさんに作品の感想を伝えた時、「自分のやっていることが伝わった人がいてうれしかった」と言ってくださったのを覚えています。それを聞いた時、ある意味驚きましたね。というのは、「このような作品を作る人が、観客にどのように届くか、つまり僕が観たように届くということを信じること無しに、このような制作をできるわけがない」と思ったものだから。

キ　私は自分の表現する方法について、信念を持って正しいと思ってやっています。でも、ビジュアル・アートと演劇のように、異なる分野の作家のあいだでは、見方に少し違いがあるのではと思うんです。

私は自分が信じているものを表現しようと努力し、確信を持っていますが、壁にぶつかり、それ以上話せなくなる瞬間があるんです。そんな時に対談の依頼が来たので、心が通じ合っている人がいるとうれしくなり、「私は幸せだ」と感じたのです。

岡田　そうか、つまりタイミングの問題ですね。ちょうどスルギさんは調子の悪かった時期だったのですね。そういうことは僕もあります。それはわかります。

モデレーター　演劇は観客からフィードバックを受けることが多い芸術であるのに対して、ビジュアル・アートは観客から感想を聞くのが難しく、本当に感銘を受けた人が作家の連絡を突き止めてコンタクトしてくるほかは、あまり機会がないのだと思います。だから、スルギさんは岡田さんのフィードバックがうれしかったのではないでしょうか。

岡田　それは本当に、ビジュアル・アートの人とか文章を書く人から、よく言われることですね。観客の反応が直接わかる演劇のような形に対する羨ましさというのは。

スルギさんの作品って、観ていてすごく怖い作品が多いですよね。もちろん僕も「想像力を刺激された」なんて、頭良さげな言い方をしましたけれど、もっと単純に言うと……怖いわけです（笑）。

キ　私の両親も家に作品を置いておくと、「またこんなものを作って、どこに飾るの？」と言います（笑）。

私が福岡アジア美術館レジデンス・プログラムで制作した作品も視覚的にモノクロで、怖いイメージだと感じる人もいると思います。実際、福岡でのアーティスト・トークの時に、こんなことを言う人がいました。「心の中の不安をとても自然に表現しているように見えるけれど、恐怖を感じることがよくあるのでしょうか」と。私は、実は、質問をした人が、そんなふうに感じているのだろうと思いました。

モデレーター　スルギさんはいつも作業をする時に、どのように想像を膨らませているのですか？　暗い部屋の中の体の一部をなぜ怖いと感じるのか、観る人もヒントが得られるのでは、と思います。

キ　作品を制作する時の概念について、お話ししましょう。

ある黒い部屋に生き物が住んでいて、その生き物は外に出たがっています。しかし、黒い部屋は明かりが完全に遮断されているために、出て行くことができません。そこで、五感で外の世界を想像していくというストーリーです。その生き物が、人の脳というわけです。

これが私のすべての作業の原点となるレファレンスのようなもの。私が想像し、あるものを作ろうとするための手順は、いつも決まっています。ある人はそれを「作業のプロセス」と言いますが、私には、「作業のプロセス」と思える瞬間はあまりありません。自分の心の底に描かれる絵に近づくための実験をずっと続けているんです。「これが最後のイメージだ」といつも思いながら制作をしています。それらが集まり成果物となって、展示場に飾られる作品となります。色々な試みを重ねて作るため、思っていた感覚に近いものができあがるのだと考えています。

岡田　表現の仕方、例えばどういうビジュアルにするか、みたいなことについて、当初思ったものから変更することはありますか?

キ　すごくよくありますね。七、八年前は頭の中で考えたことを再現し、写真でうまく撮影していると自分で思ったことも三、四回ありました。けれどもその後は、目を閉じて思い浮かんだことを作品にしても、その方法では感覚を正確には表現できなかったんです。そんなことを繰り返すのがつらく、どうしたらいいのか悩んだりもしました。ところが意外なことに、他のメディアを使ってみることで視野を広げられることに気付き、色々試した末に作品を生み出すことができました。

現在は「危うさ」について作品を作っています。危うさというものは、すべての人が感じていますが、私が感じる危うさと他の人とでは異なりますよね。表現方法によっては、幼稚に見えたり、広告風になってしまったりするので、そうならないラインをしっかり見極めようとしています。

岡田　例えば、今そこに映されている写真のシリーズは、自然の中にある煙のように見えます。スルギさんが、この作品をイメージしていた時は、前段階としてこれとは異なるものがあったというようなことも？

キ　この作品（＊2）の場合は、最初からほぼ似たような形でした。なぜなら、これは私がアイルランドで作り始めた作品で、アイルランドに最初に到着した時の感情をそのまま再現したものです。だから当初から一貫してぶれなかったのだと思います。

アイルランドに着いた時、とても深い霧がかかっていたんです。その土地についてよく知らなかったうえに、目の前に何が存在するか、五感で認識できなかった。箱の中の生物体になったような感じがしました。「だったら、この霧というものを私の作品に取り入れてみよう」という気持ちが原点となりました。それを表現するために、色々な実験をしました。

モデレーター　岡田さんは最初に得た感覚を、どのようにして最後まで生かしながら制作しているのでしょうか。

岡田　演劇は一人の作業ではありません。それによる一番良いところは、たくさんの人のアイディアがどんどん盛り込まれ、俳優の演技がリハーサルを通して質が上がっていくことによって、パフォーマンスそのものがどんどん豊かになっていく。そういうふうに多く

＊2　この作品
＝『Post Tenebras Lux』
二〇一四年に制作。内容については二三六ページに掲載の一幕の注―を参照ください。

の力を使えることなんですね。

〝演出家〟と言うのは、僕は本当にそう思っているのですけど、すごい楽なんですよ。もちろん演出家の中には、自分の頭の中に明確なビジュアルのイメージがあって、それを完成品とする人もいます。でも僕はそういうタイプではないし、今の自分のやり方でやったほうが演劇作品は豊かになると思っています。僕が大事にしているのはコンセプトだけです。だからその作品がどういう見栄えを持つかについては、僕は最初からほとんどイメージを持ってないし、面白ければどうなってもいいと思っています。だから、できあがったそれの中に僕が最初から思っていたコンセプトがはっきりあると判断できるかが大事で。建築家のフランク・ゲーリーは「最初に思っていたアイディアをたくさんのプロセスを潜り抜けさせて最後まで行かせる」と言いましたが、僕にとって潜り抜けさせたいものは、ただコンセプトだけです。

モデレーター そうだとしたら、岡田さんと一緒に作品を作る側の人は、少々しんどい思いをするのではないかと気になります。演出家の中にはアイディアを「こうしてほしい」と具体的に要求する人もいらっしゃるそうですが、そういうスタイルを取らず、正確なガイドを与えないのであれば、もしかしたら周りが少し困ってしまうというようなこともありませんか？

キ 私が福岡に行った時、知人が岡田さんと一緒に仕事をしたという方に会いました。世の中は狭いですよね（笑）。その知人の方は、岡田さんの演出について、「最初ははっきりとした指示を出さない。だから俳優の立場では、すごく難しく感じる」と話していたそうです。自分の表現が正しいのかわからず、俳優が一人で正解を見つけるには時間がかかるので、とても大変だった、と。そんな話を伝え聞きました。

岡田　そうか。でも時間はかけているんですよ。僕が言っていること、僕が求めていることは何かというのを、具体的に「このシーンでこのセリフをしゃべる時には、こういうふうに動いてください」とはほとんど言わないのですが、その時にどういうことをパフォーマンスの基準にするのかということは伝えているつもりなんですよね。で、それには時間がかかります。

もちろんそのための時間はとりますし、ある瞬間に俳優はすごく自由に演出家の「こうして欲しい」という思いを理解し、僕のリクエストにも応えてくれるようになるんです。しかも、本人ならではの自由な仕方で体現してくれるということが起こるんですね。クリエイティブに想像を働かせるということは役者にとっても楽しいはずだし、ただ言われたことをやることよりよっぽど楽しいはずなので、自分ではそんなに俳優のことを困らせるつもりはないです。間違っているかもしれませんけど。

モデレーター　先ほど、「演劇は一人で作るものではない」とお話しになりましたが、演劇は観た人からも共感を得ることができますよね。一方、私はキュレーターなので、ビジュアル・アートの作家が作業の大部分を一人で手がけるため、寂しさを感じることも多いと口にするのをよく聞いたりもするのです。

でも、実は一人じゃないんですよね。一九五〇年代にジョン・ケージという音楽家であり前衛芸術家でもあった人物がこんなことを言いました。「あなたが作品を作る時、すべての人々がスタジオ内にいる。あなたの過去と友達、本人の心、すべてが共にあるけれど、絵を描き始めるとそれらが一つずつ離れ、結局一人取り残されている」と。

スルギさんも、一人で作業するのは寂しいかもしれませんが、実は作品を作る過程に多くの人が介入し影響を与え、自分と共にいると考えればよいのではないでしょうか。

キ　そうですね。今おっしゃったのは、とても当たり前のことですね。それがごく当たり前だと私が頭の中で思うまで、少し時間がかかってしまいました。

前回の対談で、私は作品ではなく作家としての岡田さんについて、たくさんの質問を投げかけました。その中の一つが、作品が行き詰まってしまった時に、どうやって解決するかということでした。岡田さんは「演劇は一人で作るものではない」と言いました。確かにそれは当たり前のことで、「なるほど、私もそうすればいい」という気がしたのです。

私は岡田さんの影響を受けて、やわらかくなりました。以前は作業をしながらずっと、「自分の中から生み出さなければならない」と考えていたんです。そうしてこそ、完全なる自分の作品を作ることができると信じていました。でも、今ではとても自然に作業に取り組むことができるようになりました。

また、自分が意外に周りの人たちと仲良くなれる性格だということも、初めて気付きました。行き詰まることなく、自分の作業を客観的に見ることができるようになり、前に進む力が生まれたというのが、うれしいです。

岡田　何か役に立てたらうれしいです。

先ほど「表現の仕方が当初思ったものから変更することはありますか？」とお聞きしたのは、先日、特別に制作途中の映像作品をスルギさんに見せてもらったことと関係しています。僕はそれをデーターで送って見せてもらったんですけど、これがこの先どういうふうに変わって完成品になるんだろうと、ものすごく興味を覚えました。普通はスルギさんが作った作品の完成品だけを観るわけですが、そうじゃないものを見せてもらって、ものすごい貴重なものを見たと思ったんです。だから、僕が見せてもらった途中段階の映像作品も、見た目は何も残ってないくらいの完成品になることもありえるんだろうな、とか、そういうことを想像するのがおもしろかったんですね。

キ　前回の対談の後、岡田さんともっと話をしてみたいと思いました。それで、お互いのスケジュールの邪魔にならない程度にメールでやりとりし、内容を共有してみようという提案をしたんです。
そうしているうちに、自分が取り組んでいた作品を送らなければならない時期になったのですが、自分から言い出したものの、送るのが嫌だったんです。なぜなら、制作途中のものを送る際に、「これは完成まだしていません」と書くべきか、「不完全な作品です」とするべきか。「送信」ボタンを見つめながら、「送らないほうがいいかもしれない」と思ったり。でも、やろうと決めたので、送りました。送ったら、返事がすごく待ち遠しくなりました。「岡田さんは何と言うだろうか。アドバイスからどんなことを学べるだろうか」「何か私のためになるのだろうか」と。返事をもらって、うれしかったです。メールを読みながら、色々なことを考えさせられました。最近は、「ああ、そうだ。私が考えていたのはこういうことだったんだ」と集中する時間を持てるようになりました。

岡田　わかりますよ。完成してないものを人に見せるというのは恥ずかしいですよね。でも、例えば演劇の俳優は、最初からそれを稽古場でやらなきゃいけないんですよね。もちろん全然良くないけど、やらなきゃいけないんです。やらないと良くならないから。だけど、台本を書く人間としても、コンセプトを考える演出家としても同じで、最初はこれでいいのか全然わからないものを、誰かに読んでもらったり見せたりすることをするんですよね。若い時はだいぶそれに抵抗がありましたけど、今は歳をとってあつかましくなったのもあって、だんだんほとんど気にしなくなり、どんどん見せるようになってきています、僕は（笑）。でも、そういうことをしたほうが、次に動くべきことや、良くなるためのきっかけをもらえたりする、ということが完全にわかっているから。それをやった方が進む、向上していきます。

スルギさんに送ってもらったビデオに対して僕が思ったことは、なぜか「この作品が完成した時には、僕が見せてもらったこのビデオの原型をまったくとどめていない何かになっているのではないか」ということでした。

キ　ゴミ箱に捨ててください（笑）。

岡田　という意味じゃないんですよ。

キ　「話し合える人がいたらいいな、どんなことを一緒に話すことができるかな」と考えながら、その作品を制作しました。なぜなら、私が最初に考えていたアイディアから生まれるというよりも、様々な人と話したことを一つの物語にまとめて再現したからです。

岡田さんに送った後は、リラックスして色々な人に見せられるようになりました。一昨日もある友達に写真を見せました。「これ、どう思う?」と聞いたら、「たいしたことないね」という返事でした（笑）。だから「他の作品もあるから、心配しないで」と言いました。そんなふうに、少し自然体でいられるようになりました。

モデレーター　メールのやりとりが始まったきっかけについて、少しお話しいただけますか。

キ　岡田さんと対談をして気付いたのは、私は形式的に何かをするのが苦手だということ。身体がそれを拒否するんです。

何か私なりに役割を果たしたい、対談相手が岡田さんだからこそ、もっとたくさん色々話したいと感じました。そして、前回の対談の後で、私と岡田さんの考えを共有できる方法があったらいいなと思い、メールをやり取りすることにしました。そして、やはり同じ部分に悩んでいるんだと確認することができました。

最初は、メールのやり取りを通じて、何かを作りだそうと努力しました。岡田さんからインスピレーションを受けて、何かを生み出したかったんです。でも、今思えば、そうする必要はなかった。なぜなら、私はとても自然な形で岡田さんから既に影響を受けていて、作品を制作するようになっていたから。岡田さんにも最初は二人で一つの作品を作らなければというプレッシャーを押し付けてしまったかもしれません。それは私の癖ですよね。

岡田　メールのやり取りの中で、結局僕は自分にとって今何が問題で、何を考えたいと思っているのかということを書くようになったんですね。「次元」や世界を構成する「レイヤー」といったことについて書きました。というのは、自分が考えていることでもあるし、スルギさんの作品はそういうものと関わっていると言えると僕は思っていたからです。

例えばこの腕の写真（＊5）もパッと見、もちろん怖い訳ですよね。お化けみたいな。けれども、これは変な写真ではないのです。ある意味非常にリアルな写真であります。

それはこの現実の世界を構成するレイヤーのうち、いくつかを重ね合わせれば、世界は確かにこういうふうにできていると。僕はその意味でこれはリアルだと思います。「あの肘をつかんでいる手は誰の手なのか」って、とりあえず考えてみるじゃないですか、これを見ると。ここで言う誰かというのは「他人なのか、自分なのか」ということですけど。でも、他人なのか自分なのかはあんまり問題じゃないんじゃないかと思ってきたりもして。そこから先は本当に観る人に対して開かれているんですが。これを観るとそういうことを、受け手側の想像力が刺激されて、後は勝手にこっちで色々なことを想像するスイッチが入るんですよね。僕にとっての「リアル」とは、「腕が2本じゃないからから、これはリアルではない」という意味ではなく、「こういうふうにしないと表現できないリアルがある」という意味。今の自

＊3　この腕の写真
＝『We I』
2017年制作。前年に福岡アジア美術館のレジデンス・プログラムで来日した際、宿舎近くの神社に来る人々と話して感じた「相手と自分の境界が薄れる感情」をモチーフとした。

分ができるよりもさらに強く、新しい仕方でやりたいと僕自身も考えてるから。だから、そういうことをメールで書いたんです。

キ　メールの中で、革命を扱った作品（＊4）を作っていると書いてあったので、実は気になっていたんです。簡単にお話いただけますか？

岡田　そうですね。ちょうど今年の夏に革命をテーマにしたパフォーマンスを作った時期のメールだったんです。その作品について簡単に説明しますね。

まず、会場なんですが、行くのがちょっと不便な小さな島にある美術館の中でやりました。直島という島です。そこに行く人は必ず船に乗らないといけません。瀬戸内国際芸術祭（＊5）参加プログラムの一環として、そのパフォーマンスは行われたんです。通常の演劇の公演には座席がありますが、そこでは椅子が準備されていないので、みんな立つんですね。一人の男のパフォーマーがいて、彼が演説をします。つまり演説のパフォーマンスなのです。

＊4　革命を扱った作品
＝『in a silent way』
二〇一六年に上演した岡田と森山未來の共作パフォーマンスプロジェクト。タイトルは全共闘運動やベトナム戦争反対のうねりがピークに達した一九六九年にマイルス・デイビスが発表した曲名に由来している。（撮影／宮脇慎太郎）

ただし演説と言っても、語気を荒げたりとか、高いところから大きな声でしゃべったりとか、そういう演説ではないです。とても静かな優しい声で、マイクを使いますが、ゆっくり静かに穏やかに彼は話し続けます。内容は「ここに来たあなた方は何もかもを既に理解している。だからここに来ているのだ」といったようなこと。「この体験をすれば自分が変容できるということを、あなたはあらかじめわかっているから、わざわざ船に乗って海を渡り、島々の風景を見ながらここにやってくることができた」と。誰にでもできることではない、けれどあなたはそれができてここにいて、私の話をこうやって聞いているんです、と。つまり非常に胡散臭い演説をしているんですね。催眠術のようでもあるし、怪しいモノを売りつける感じもあるし。とにかくそういういかがわしいものですね。

そこではそういう仕方で革命について語るんですけど、革命は実際にアクションを起こしたりする必要はない。あなたはこうしてここに来ることによって、あなたの中で世界の捉え方が変容した、それによってある意味で既に革命は行われているんだ、と。彼はずっと同じ場所でしゃべり続けるのではなく、その空間の中を歩いて移動しながらしゃべるんですね。

百人入っているお客さんが、役者が移動するとそれに合わせて移動します。彼に近づいていきたいし、移動しないと見づらかったり

＊5 瀬戸内国際芸術祭
現代アートの聖地・直島（香川県）をはじめとする瀬戸内海の島々を会場として、三年ごとに開催される芸術祭。波止場や路地などに、地域資源を生かした作品を展示する。

するので。つまりお客さんたちを動かしている、振り付けているとも言えます。わざとコードのついた有線マイクを使いました。彼が動けば当然そのコードも動くので、お客さんはコードをまたがなければいけない。そうやって動かされることに対して生理的に不快な人、嫌だという人もいますが、そういう人は会場の端の方、壁の方に段々行きます。でも、あえてそうやって巻き込まれることを求めるお客さんもいますし、その時に一緒にやった役者さんはものすごく人気のある、有名な人だったのでファンも多くて、ごくごく素直に役者の近くに行きたがる人もいました。

でも最後にオチがあって、「以上はプレゼンテーションです。つまり、我々はこうやって人を変容させたり、人に何かを信じ込ませたりするノウハウを持っているので、そういうことをお求めの方がいたら、ぜひ仕事をください」と。言葉や動きを使って観客の心を変容させることが革命だ、という作品だったわけです。

モデレーター　スルギさんは作品を制作するにあたり岡田さんの影響を受けたと言いますが、岡田さんは対談によって、作風にどのような影響を受けたのか、気になります。

岡田　スルギさんの仕事が僕に与えてくれたたインスピレーションは、さっきも言いましたが、「世界は何から構成されているのか」と考えると「見えないものから構成されている」という事実に行き着くこと。見えないものは、まずその存在を認識する人と認識しない人がいるということが大きな問題なわけなんですが、見えないながらも存在はしている——、例えばお化け、それから、『We I』のあの腕もそうだけど。そして歴史問題なんかにしても、問題の存在を認識している人と、していない人がいるという意味では、見えないもので構成されている世界ですよね。だからそういう意味で、お化けと歴史は同じ側面を持っていると僕は思います。

キ 最初に対談すると決めた時は、きっと言いたいことをすべて言うことはできないだろうと思っていました。でも、実際対話をしてみると、些細なことをはじめ、作業を見つめるという方法まで、思っていた以上に多くのことが変わりました。岡田さんから影響を受けただけでなく、私自身が過渡期にあるのかもしれません。

既存の制作以外に、ペインティング作家との共同プロジェクトをしていますが、以前はそうする中で生まれる変数を完全に自分の中でシャットアウトしていました。でも、今は共同プロジェクトの間に生まれる変数を受け入れながら作業を進めるようになりました。対談は、そんなことに対しても影響を与えていると思います。

そして個人的に取り組んでいる作業について、少し確信を持てるようになったように感じます。私が表現したいことを表現する微妙な方法とは何か。そんなことを考えるきっかけとなりました。

（――ここで、会場からの質問を受け付けることに）

観客①　お話を聞いていると、二人の共通点は人間の多様性、想像力、思考というものを深く尊重しているところだと感じました。ただ、それらがビジュアル・アーティストと演出家として人々の想像力を喚起する唯一の価値観であれば、少しもったいないなという感じもします。垣根を超えて人々に作品の本質的な価値観を伝えよう、つまり表現方法をもう少しわかりやすく明確なものにして自分たちのテーマを伝えようとするご意向はありますか？

キ　対談の冒頭でもお話ししましたが、私は自分が追求しているスタイルから何か本質的なものを伝えようとしなくても、ご覧になる方々がそれを想像してくださると信じています。そして本質的なメッセージが見えないようにする努力をしているんです。そうすることによって、それぞれの人がそれぞれの物語を想像力豊かに感じることができるから。そんなふうにずっと悩み、考えているため、私は「こんなメッセージを伝えます」と表面的に見せたくはないんです。

岡田　「伝えたいメッセージはないのか」と問われれば、答えは「ある」です。でも「メッセージを伝えたところで、たいしたものではないだろう」という自覚があるので気をつけようと思っています。

それよりも大事にしているのは、自分が作った作品について「こんなメッセージを観る人に与えられるだろう」という予想や期待をし、信じること。すると、その期待を超える結果が出る。そんな経験を何度もしています。

例えば、以前、まさにこの会場である斗山アートセンターで公演をさせてもらった『現在地』という作品があります。その作品を僕が作ったきっかけは、五年前の東日本大震災と福島の原発事故によって人々の中で分断が起こったことについて形にしたいと思ったことです。つまり、福島の事故が僕に『現在地』を作らせた直接の動機だとしても、「今日本はこんなことになっているのです。それをわかってください」と見た人に伝えたいと思うのとは、別のことですね。自分が作品を手掛けた動機を観客に知ってほしいという思いで作ったわけではないんです。

ソウルで公演を見たお客さんの何人かからは、「南北の問題を考えさせられた」というコメントをいただきました。でも僕はまったくそういうつもりは持たないで作品を作りましたね。たぶん今のアメリカでそれを上演したら、福島とはまったく関係ない、現在のアメリカの社会の分断について、お客さんは考えるのだろうと想像しています。そのような機能を作品に持たせるほうが、単にメッセージをストレートに伝えるよりも、自分にとっては大きな喜びです。

キ　岡田さんと私の作品は、世の中をあらためて見つめる手段と方法に対するガイド的な役割をしているのではないか、そして、それを見る観客が、再解釈するための一つの視点を与えているのではないかと思います。

岡田　そうですね。ブラウザやメガネ、そういうイメージが僕の中にはありますね（笑）

観客②　岡田さんに聞きたいことがあります。「子どもは何も知らないから想像力が豊かだ」という話を聞いたことがあります。逆に「色々な経験があるほうが、豊かな芸術活動ができる」とも聞きました。色々な経験があることと、何も知らないこと。どちらのほうが、想像力が豊かになるとお考えでしょうか？

岡田　今、ものすごく本質的な質問をいただきました。ごくごく常識的に考えると想像力と経験は反比例の関係であって、経験が増えるにつれ想像力は貧しくなると言わざるをえないところがあるかもしれません。でも、僕は作品を通じて、「大人になって経験を積むにつれて想像力が乏しくなるとか、そんなのはダメだろう」というメッセージをいつも発しています。

僕は去年初めて子どもに観てもらうための芝居を作りました。すごく楽しかったです。子どもというのは、演劇の観客として非常に優れているからです。つまり、想像力を持っているから。その時に「子どものほうが大人より観客として素晴らしい」と思ったわけです。

でも、だからと言って大人を見捨てて子どもの芝居だけ作るようになってもダメだ、と思ったんですね。経験を積むにつれて衰えていく想像力ではなく、経験を積むことによって強くなったり、新しく手に入れられたりする想像力だってあると思うんです。

今の質問への明確な答えはまだ言えてないと思いますが、それはわからないからです。想像力と経験の関係をもしグラフに書くとしたら、どういうグラフが現実的なのか。「こういう関係だってありえるはずだ」ということについては、ずっと考えていきたいと思っています。

観客③　スルギさんにも質問です。写真というのは、ある問題を撮影してフレームの中に収めることですよね。ところが、スルギさんの作品を拝見して、写真のフレームにとどまらずに、インスタレーションやパフォーマンスアートなどもなさったら、観る人に空間や時間の拡張を感じさせることができるのではないかと思いました。そんなふうにジャンルを融合させてみたいと思ったことはありますか？

キ　私は「最終的な結果物が写真でなければならない」という先入観を持って作業をしているわけではありません。

質問を聞いてうれしかったのは、私の作品を見て、「パフォーマンスや映像のような形で動きをつけて表現したらどうか」と想像してくださったことです。観る人が作品からそんな発想を得たというのは、まさに望んでいたこと。インスタレーションを実現することよりも、平面作品を通じて見る人の想像力を豊かにできることのほうが、私には重要なんです。

岡田　そうですね。スルギさんの作品は「あれが動いたらどうだろう」と想像させるんですよ。でもそれはスルギさんにビデオを作ってほしいという意味ではなくて、ある意味もう既に作品を観ている人の中でビデオになっている、ということですよね。

観客④　演劇やパフォーマンスは、記録しないかぎり形に残らないので、なかなか観られない人も多いですよね。そのうえ、岡田さんは日本にいらっしゃるので、私にとっては公演に行くのがさらに難しいです。そんな状況を演出家として残念に思うことはありますか？　また、岡田さんは小説も書くそうですが、なぜ小説を書くのか知りたいです。

岡田　二つ目の質問から答えますね。実は僕は元々、小説を書きたいと思っていたんです。演劇はそんなに好きじゃなかったけど、小説はすごく好きだったんですね。今は演劇の仕事が忙しくなって、なかなか小説を書く時間がなくなってしまったし、周りも演劇をやってる人間として見るので、「なぜ小説を書くのか」とよく聞かれます。でも、自分の個人史から考えると、その質問自体がものすごく奇妙なんですね。小説を書くのは本当に自然な欲求として昔からありました。最近は演劇が忙しくて、なかなかその欲求を満たすどころか持つことも難しくなってしまっています。だけど、相変わらず書きたいとは思っています。

最初の質問ですが、答えだけ先に言うと、残念だと思う気持ちはありません。おそらくお客さんが劇場に集まって、それに立ち会うという経験をしているからだと思います。興行的な数字以上に、実際にお客さんがそこにいて、実際に観ているということのほうが自分の中で満たされるんですね。

僕の演劇はそんなに大きな会場でやっているわけではなく、多くても二百人くらいです。一〇〇回くらいやると、二万人なんですが。でも一〇〇回もやると、たぶん「もういいんじゃない」という気持ちになってくるんです。自分たちにとってのキャパシティーというのは十分に埋められている感覚があるんですね。もっとたくさんの読者なり観客を集められるメディアからすると、比較にならないくらいわずかな数だとしても、自分たちのキャパシティーが満たされているという感覚を得られています。「これしか観られてないのか」と残念な気持ちにならないのは、そういう理由じゃないかなと思います。

プロフィール

朝井リョウ

あさい・りょう

一九八九年、岐阜県生まれ。小説家／早稲田大学文化構想学部卒業。二〇〇九年、『桐島、部活やめるってよ』で第二十二回小説すばる新人賞を受賞しデビュー。二〇一三年、『何者』で第一四八回直木賞受賞。二〇一四年に『世界地図の下書き』で第二十九回坪田譲治文学賞受賞。さらに、『チア男子!!』（第三回高校生が選ぶ天竜文学賞受賞）、『星やどりの声』、『もういちど生まれる』（二〇一二年下半期直木賞候補）、『少女は卒業しない』、『スペードの3』、『武道館』、『世にも奇妙な君物語』、『ままならないから私とあなた』、『何様』など。最新作は『風と共にゆとりぬ』（文藝春秋）。

アン・ギヒョン

Keehyun Ahn
安 起賢

一九七六年、ソウル生まれ。建築家／韓国・漢陽大学建築工学部卒業。米国カリフォルニア大学バークレー校大学院にて建築学修士号取得。ニューヨークのAsymptote Architecture、ベルギーのLassa-Architects、ドイツのD-Hubに所属し、世界各地のプロジェクトに参加しながら実務経験を積む。二〇一〇年にデザインスタジオAnLstudioを共同設立。都市複合型のパブリックスペースから私邸に至るまで様々なスケールのデザインに取り組み、斬新なアイデアに溢れつつ心地よく過ごせる建築の創作を続けている。

　また母校 漢陽大学の教壇に立ち、教育者・研究者として活動の領域を拡大している。主なプロジェクトに『Oceanscope』（仁川大橋展望台、二〇一〇年Red Dot Design Award Architecture /Interior部門最優秀賞受賞）、『Lightwave』（Asia Pacific Design Triennial（豪ブリスベン）メインパビリオン）、極小住宅『MONGDANG

（夢堂）』（ソウル市）、コンベンションホール『The Suit-Convention Hall』（中国・広州市）、近隣生活施設『DAGONG』（ソウル市）など。

岡田利規《おかだ・としき》

一九七三年、横浜生まれ、熊本在住。演劇作家、小説家／チェルフィッチュ主宰。活動は従来の演劇の概念を覆すとみなされ国内外で注目される。二〇〇五年『三月の5日間』で第四十九回岸田國士戯曲賞を受賞。同年七月『クーラー』で「トヨタ コレオグラフィーアワード二〇〇五～次代を担う振付家の発掘～」最終選考会に出場。二〇〇七年デビュー小説集『わたしたちに許された特別な時間の終わり』を新潮社より発表し、翌年第二回大江健三郎賞受賞。二〇一二年より、岸田國士戯曲賞の審査員を務める。初の演劇論集『遡行　変形していくための演劇論』（二〇一三年）と戯曲集『現在地』（二〇一四年）を河出書房新社より刊行。

二〇一六年よりドイツ有数の公立劇場ミュンヘン・カンマーシュピーレのレパートリー作品の演出を三シーズンにわたって務めた。

キ・スルギ

Seulki Ki
奇スルギ

一九八三年、ソウル生まれ。ソウル在住。アーティスト／キ・スルギは物質的な現象や空間での経験に対する関心を、隠喩的で圧縮的な方式で表現する作家である。水、色彩、光などの形状のない物質の独特な属性や、個人が特定の空間で経験する微妙な感情を、主に写真や映像、インスタレーションなどの媒体を通して可視化する。特に、平面と立体、部分と全体、慣れと不慣れといった対照的な概念間の緊張関係を積極的に活用するのが特徴。『Unfamiliar Corner』（二〇一二年）、『Post Tenebrax Lux』（二〇一四年）などの作品では、作家の身体が区切られた形式によって画面に登場したり、視空間に痕跡を残す衝動的な動きの形態によって介入したりして観客の想像力を刺激する。『砂を噛む瞬間』（二〇一五年）は、安部公房の有名な小説『砂の女』よりインスピレーションを得た作品で、日常において感じられる不便さや危うさを主題としたものである。

キム・ジュンヒョク

Junghyuk Kim

金 重赫

一九七一年、韓国・慶尚北道金泉生まれ。小説家／啓明大学国文科卒業。二〇〇〇年に月刊誌「文学と社会」に発表した中篇『ペンギンニュース』でデビューした。二〇〇八年に短編『拍子っぱずれのD』で第二回キム・ユジョン文学賞を受賞している。二〇一二年には『ヨヨ』で第十三回イ・ヒョソク文学賞を受賞。さらに二〇一五年には『偽腕でする抱擁』で第四十六回東仁文学賞を受賞。二〇一一年に『楽器たちの図書館』がクオンより、そして二〇一七年に『ゾンビたち』が論創社よりそれぞれ日本語で翻訳出版され、日本での韓国文学の盛りあがりに大きく貢献している。

光嶋裕介《こうしま・ゆうすけ》

一九七九年、米ニュージャージー州生まれ。建築家・一級建築士／少年時代をアメリカや日本で過ごし、中学はカナダ、イギリスに滞在。二〇〇四年、早稲田大学大学院修士課程建築学専攻修了。二〇〇四年から二〇〇八年にかけドイツ・ベルリンのザウアブルッフ・ハットン・アーキテクツに勤務。帰国後、光嶋裕介建築設計事務所を開設。NHK World《J-Architects》の番組MCや、日本スペイン国交四〇〇周年記念特別展では『ガウディ×井上雄彦』の公式ナビゲーターに就任するなど、活動は多岐に渡る。主な作品に「凱風館」（神戸、二〇一一年）、「レッドブルジャパン本社オフィス」（青山、二〇一二年）、「如風庵」（六甲、二〇一四年）などがある。

著書の『みんなの家。～建築家一年生の初仕事～』（アルテスパブリッシング）、『幻想都市風景』（羽鳥書店）、『建築武者修行―放課後のベルリン』（イースト・

プレス)、『建築という対話 僕はこうして家をつくる』(筑摩書房)も高評を得ている。

チョン・セラン

Serang Chung
鄭 世朗

一九八四年、ソウル生まれ。小説家/郊外の一山でニュータウンの発生と発展を観察しつつ成長した。坡州出版都市にある出版社に編集者として二年あまり勤務した経験も持つ。小説家としては、二〇一二年、『ファンタスティック』誌に発表した短編ファンタジー『ドリーム、ドリーム、ドリーム』を皮切りに本格的な創作活動を始め、『アンダー、サンダー、テンダー』(原題『이만큼 가까이』)によって第七回創批長編小説賞を受賞した。(日本語版はクオン社より二〇一五年七月刊行)。純文学からロマンス、SF、ホラーまでジャンルの境界を越えた作品を書くことで知られる。『八重歯が見たい』は、自分の書いた九編の奇妙な物語の文章を一文ずつ、別れた恋人の体にタトゥーのように出現させる女性作家の話。『地球でハナだけ』の主人公ハナは、エイリアンと恋に落ちるエコデザイナー。『ジェイン、ジェウク、ジェフン』は、光るアサリのカルグクス(うどん)を食べたために、超能力と呼ぶには少々貧弱すぎる超能力を持ってしまった姉弟の物語である。二〇一七年、『フィフティー・ピープル』で第五十回韓国日報文学賞を受賞。

西川美和

にしかわ・みわ

一九七四年、広島県出身。映画監督/早稲田大学第一文学部卒。大学在学中より『ワンダフルライフ』(一九九九年、是枝裕和監督)にスタッフとして参加。以後、フリーランスの助監督を経て、二〇〇二年平凡な一家の転覆劇『蛇イチゴ』でオリジナル脚本・監督デビュー。二〇〇六年、対照的な兄弟の関係性の反転を描いた『ゆれる』を発表し、第五十九回カンヌ国際映画祭監督週間に出品。国内では九か月のロングランを果たし、主要映画賞を多数受賞。本作の成功の体験から、僻地の無医村に紛れ込んでいた偽医者の逃走劇『ディア・ドクター』（二〇〇九年）の着想を得る（第三十三回モントリオール世界映画祭正式出品）。二〇一二年、一組の夫婦の犯罪劇と女たちの生を描いた『夢売るふたり』（第三十七回トロント国際映画祭正式出品）を発表。二〇一六年、四年ぶりの新作『永い言い訳』（第四十一回トロント国際映画祭スペシャル・プレゼンテーション部門、第十一回ローマ国際映画祭出品）も話題に。小説・エッセイの執筆も手がけ、『ゆれる』のノベライズで第二十回三島由紀夫賞候補、『きのうの神様』で第一四一回直木賞候補、『永い言い訳』では第一五三回直木賞候補・二〇一六年本屋大賞候補にあがり注目されている。

ムン・ソリ

Sori Moon

文 素利

一九七四年、釜山広域市生まれ。女優。映画監督／韓国の映画界を代表する女優として、一九九九年にイ・チャンドン監督映画の『ペパーミント・キャンディー』でデビュー。二〇〇二年に『オアシス』で熱演を披露し、第五十九回ベネチア国際映画祭で韓国最初の新人女優賞を授賞した。二〇一六年九月には同映画祭の審査委員として再びベネチアを訪ね、「ベネチアに愛される女優」と称される。二〇一六年には韓国国立劇団による韓・仏共同制作の『光の帝国』で舞台に上がり、韓国とフランスの観客を魅了しつつ、成功裏に公演を終えた。映画の代表作に『浮気な家族』（二〇〇三年）、『大統領の理髪師』（二〇〇四年）、『太王四神記』（二〇〇七年）、『私たちの生涯最高の瞬間』（二〇〇八年）、『ハハハ』（二〇一〇年）、『ハウスメイド』（二〇一〇年）、『ヴィーナス・トーク ～官能の法則～』（二〇一四年）、『自由が丘で』（二〇一四年）、『お嬢さん』（二〇一六年）など。最近は監督業も好評で、三篇の短編映画をまとめた『女優は今日も』で主演、脚本、演出をこなした。二〇一八年『リトル・フォレスト』（イム・スンレ監督）にも出演。国内外で注目されている。

寄藤文平《よりふじ・ぶんぺい》

一九七三年、長野県生まれ。グラフィックデザイナー／武蔵野美術大学視覚伝達デザイン学科中退。一九九八年ヨリフジデザイン事務所設立、二〇〇〇年有限会社文平銀座を設立。多くの企業広告や自治体の公共広告プロジェクトのアートディレクションを手がける。さらにブックデザインを中心に活動するほか、挿画の連載や作家としての著作活動も行う。主な広告プロジェクトに「家でやろう。」「またやろう。」をはじめとした東京メトロのマナーポスター、JT「マナーの気づき」「大人たばこ養成講座」、無印良品「いつものもしも」、福島県「ふくしままっぷ」、蔦屋書店「蔦屋通信」などがある。

著書は「死にカタログ」「数字のモノサシ」（大和書房）、「元素生活」「元素生活完全版」（化学同人）、「ラクガキ・マスター」「絵と言葉の一研究」（美術出版社）、「ウンココロ」（実業之日本社）、「デザインの仕事」（講談社）など多数。東京ADC賞、日経広告賞優秀賞、日本タイポグラフィ年鑑大賞、ACC賞銅賞、講談社ブックデザイン賞などを受賞。「新しい韓国の文学」シリーズ（クオン）の装丁も手がけている。

今、何かを表そうとしている
10人の日本と韓国の若手対談

2018年3月31日　初版第1刷発行

著　　者　朝井リョウ、アン・ギヒョン、岡田利規、キ・スルギ、
キム・ジュンヒョク、光嶋裕介、チョン・セラン、
西川美和、ムン・ソリ、寄藤文平

対談写真　佐藤憲一（日本開催）、姜在求（韓国開催）
対談通訳　延智美（日本開催）、潘聖仁（韓国開催）
編　　集　大杉美氣
翻　　訳　桑畑優香
装　　丁　文平銀座＋鈴木千佳子
D T P　小林正人（OICHOC）
印刷・製本　大日本印刷株式会社

プロジェクト企画　国際交流基金ソウル日本文化センター、
韓国国際交流財団東京事務所、株式会社クオン

発 行 人　永田金司、金承福
発 行 所　株式会社クオン
〒101-0051　東京都千代田区神田神保町1-7-3　三光堂ビル3階
電話：03-5244-5426　FAX：03-5244-5428
URL：http://www.cuon.jp/

Printed in Japan ISBN 978-4-904855-74-4 C0095

「日韓同時代人の対話シリーズ」発刊に際して

韓国と日本の関係は、時代の波に翻弄され、あるときは近づき、またあるときは遠くなりながら綿々と続いてきました。これからもきっと、近づいたり遠ざかったりを繰り返すことでしょう。現実社会に生きる生身の人間であるかぎり、私たちもその影響から逃れることはできません。それでもなお、私たちは、常にもうひとつの視点を忘れずにいたいと思います。〈ひとり〉と〈ひとり〉が出会って対話するとき、また真摯に相手の思いを受け取り、伝えようとするとき、自分の奥にある何かが目覚め、ほんの少し、私たちの何かが変わります。別の言語、別の文化を持っている個性どうしであれば、なおさらその相互作用は大きくなることでしょう。この個と個の出会いから何が生まれるのか、私たちにもまだわかりません。読者の皆さんと一緒に見届けたいという願いで、この一冊をお届けいたします。

2018年　3月　クオン